当代法语非洲国家
土地制度改革研究

史永康　徐　菁／著

台海出版社

图书在版编目（CIP）数据

当代法语非洲国家土地制度改革研究 / 史永康，徐
菁著 . -- 北京：台海出版社，2024. 10. -- ISBN 978
-7-5168-3977-5

Ⅰ . F347.11

中国国家版本馆 CIP 数据核字第 20242MT567 号

当代法语非洲国家土地制度改革研究

著　者：史永康　徐　菁

责任编辑：王　萍　　　　　　　　　封面设计：土美兀
策划编辑：王美元

出版发行：台海出版社
地　址：北京市东城区景山东街 20 号　　邮政编码：100009
电　话：010-64041652（发行、邮购）
传　真：010-84045799（总编室）
网　址：www.taimeng.org.cn/thcbs/default.htm
E - m a i l：thcbs@126.com

经　销：全国各地新华书店
印　刷：三河市兴国印务有限公司
本书如有破损、缺页、装订错误，请与本社联系调换

开　本：880 毫米×1230 毫米　　　　1/32
字　数：224 千字　　　　　　　　　印　张：8.75
版　次：2024 年 10 月第 1 版　　　　印　次：2024 年 10 月第 1 次印刷
书　号：ISBN 978-7-5168-3977-5

定　价：88. 00 元

目 录
Contents

第一章　法语国家土地制度改革概述

　　土地政策是非洲国家建设进程的核心。国家土地政策同其国家结构与国家政治演变史密切相关。当代法语非洲国家的土地制度是历史的产物，是前殖民时期、殖民时期以及独立以来历史的产物。因此，当代非洲土地制度深受其历史遗产的影响，包括传统土地制度、殖民土地制度以及独立初期所选择的土地政策。研究非洲土地制度离不开对基本概念、历史前提的澄清。因此，本章主要论述土地制度的概念、非洲传统土地制度的特征、殖民土地制度及其内容以及当代土地改革的整体性思路。

一、土地制度概述

　　土地孕育了人类，人类依赖土地继而获得生存与发展。正所谓没有土地就没有人类，更没有人类社会发展至如今这般灿烂辉煌。因此，土地成为所有人类文明关注的核心与焦点。正如卡尔·马克思所指出："土地是一切生产和一切存在的源泉，即一切财富的原始源泉。"① 土地作为首要生产资料，在人类经济社会生活中的重要地位不言而喻。因此，对土地的占有，是使用土地、开展经济活动的前提和基础。土地由影响土地利用潜力的自然环境所组成，包括气候、地形、土壤、水文和植被等。它还包括人类过去和现在的活动结果，例如围海造田、清除植被，以及反面的结果，如土壤盐碱化。然而纯粹的社会特征并不包括在土地概念之内，因为这些特征是社会经济状况的组成部分。也就是说，土地是由地球陆地及其水面的土壤、岩石、矿藏、水文、大气和植被等要素组成的综合体。② 不过，应该再加上人类投入的劳动，现在的土地应该是一个自然—经济综合体。

土地制度被视为一个国家最基本的经济制度，是事关国计民生和社会稳定发展的关键性制度安排之一。广义的土地制度一般是国家根据一定时期内的政治和经济任务，在土地资源开发、利用、治理、保护和管理等方面的行动准则。③ 土地制度一般包括土地产权制度、土地规制、土地市场制度和土地税赋制度。土地财产制度是指土地财产的权属制度，具体包括土地所有制、土地使用制度以及土地国家管理体系的建立、演变及实施等，归根结底就是研究土地利用中形成的人与人之间的经济关系。土地所有制是生产资料所有制的重要组成部分，是土地制度的核心和基础。土地使用制度是对土地使用条件、形式和程序的制度规定。土地

---

① 《马克思恩格斯选集》，第 2 卷，北京：人民出版社，1995，第 24 页。
② 毕宝德：《土地经济学（第七版）》，北京：中国人民大学出版社，2015，第 2 页。
③ 谭荣：《中国土地制度导论》，北京：科学出版社，2021，第 5 页。

使用权则是依法对一定土地进行占有、使用并取得部分土地收益的权利，是土地使用制的法律体现。土地使用制包括产权与使用权合一以及两者分离。两者分离则包括有偿使用和无偿使用。土地租赁制包括佃契、租约、租契、租帖、协议、合同等。土地产权制度是指一个国家土地产权体系构成及其实施方式的规定，其中土地产权被视为存在于土地上完全排他性权利，包括土地所有权、使用权、租赁权、抵押权、继承权、地役权等多项权利。土地所有权具有完全性、排他性、恒久性、归一性和社会性特征。[①]此外，影响土地制度的因素是多样化、复杂化的。通常，一个国家土地财产制度除了直接受其生产关系及生产力水平决定性影响，还受其社会政治制度及其土地资源状况、经济文化发展的历史等多个因素的影响。

"非洲文明具有一定的法律特殊性，其中之一就是土地法。"[②]土地的重要性是非洲人民所公认的特征之一。非洲传统文明是农业文明，并在自给自足的自然经济基础上形成了处理人与土地以及人与人之间关系的习惯与习俗。当代非洲国家仍然是以农业为主的，特别是占绝大多数的民众仍然从事农业。土地对于贫苦民众来说是一种战略社会经济资产，其生存与财富往往取决于土地的控制与获取。近年来对粮食安全和能源安全的高度关注使得非

---

① 毕宝德：《土地经济学（第七版）》，北京：中国人民大学出版社，2015，第 143—144 页。

② Lazare Comlanvi Crinot, *Maitrise et appropriation du sol en République populaire du Bénin :Contribution à l'étude du droit de la propriété foncière dans un pays en voie de développement*, op. cit., 1986, p. 12.

洲土地成为世界各国投资的热点。而且，土地制度改革一直都在非洲国家的公共政策中占据着重要地位，特别是 20 世纪 90 年代以来。

当代非洲国家的地位及其角色是自身历史的产物，其中欧洲殖民化对其国家形成与发展产生巨大影响。非洲传统土地制度经受了殖民化的冲击。一方面，新的土地观念产生，土地开始去神圣化与个人化，殖民政府强加的土地私有制有所发展。另一方面，传统土地制度也顽强地生存了下来，依然在当代非洲社会内通行，尤其是广大农村地区。习惯法与现代法的冲突与并存成为当代非洲国家土地问题的鲜明特色。

二、非洲传统土地制度

前殖民时期非洲社会土地制度是非洲人民对其赖以生存的地区自愿进行有组织的控制的产物。马克思认为"人们在自己生活的社会生产中发生一定的、必然的、不以他们的意志为转移的关系，即同他们的物质生产力的一定发展阶段相适合的生产关系。这些生产关系的总和构成社会的经济结构，即有法律的和政治的上层建筑竖立其上，并有一定的社会意识形式与之相适应的现实基础"[①]。传统非洲社会主要是农业社会，其生活与生产主要依赖土地。非洲各民族相对自给自足的状态使得经济活动的多样性变得至关重要。在每个非洲族群实体内，人们都能找到其所需要的一切。非洲土地法律是非洲农业生产活动所建立起来的人与人的

---

① 《马克思恩格斯选集》，第 2 卷，北京：人民出版社，1995，第 32 页。

社会关系的体现。习惯土地保有权被定义为："基于大多数非洲农村部落地区所实行土地所有权制度，用于维护和组织土地所有权、享有权、用益权，以及规范土地的使用与转让。"①

在非洲历史上，土地一直都是各种崇拜和敬仰的对象。所有传统法律及其机制都带有非洲人对土地的依恋。这些机构既是政治的，也是问题解决导向的。在非洲，土地属于集体，是神圣的、不可剥夺的，属于过去、现在和未来的世世代代家人。据此，我们认为非洲传统或习惯土地制度具备口传性、神圣性、农业性、集体性、不可转让性和灵活性。

第一，口传性。传统的非洲文化是一种口传文化，即在传播和承继的方式上以口传或口述为主，鲜有文字文化。②非洲文化的口传性对非洲法律产生十分深远的影响。在非洲传统社会里，深远而神圣的联系把人的行为与言语结合为一体，人们必须信守自己讲过的话，并受其约束，他就是他的言语，他的言语就是他自身的证明。社会的协商依靠言语的价值和对言语的尊重③，作为非洲法律重要内容的土地法律同样也是如此。非洲人占有土地的起源源自非洲人代代相传的祖先传说，这主要是通过当地首领或格里奥加以体现。"非洲没有可以见证过去时代文化瑰宝的书面文献。

① Liz Alden Wily, "La tenure foncière coutumière dans un monde moderne", Rights +Ressources, jan. 2012, p.1.

② 李保平：《传统与现代：非洲文化与政治变迁》，北京：北京大学出版社，2011，第 6 页。

③ A. 哈姆巴特·巴：《逼真的传说》，载联合国教科文组织编写，J. 基·泽博主编：《非洲通史（第 1 卷）》，中国对外翻译出版公司，1984，第 122 页。

每个社区的老酋长和长老恰恰填补了这一空白，他们作为这些宝藏的保管人，通过他们所掌握的一切手段来传承这些宝藏……"[1] 非洲人进行土地权利的分配也是如此，包括土地占有权、土地使用权、土地用益权等的缔结都是通过口头方式加以实现。此外，关于非洲土地冲突的传统解决方式也是如此，一般主要是通过闲谈（Palapre）这种公开的面对面的集讽刺与调解为一体的言语方式来解决，其他比如占卜、祈祷等解决冲突的方式也都是通过祭祀者的言语加以实现。以合唱式应答为背景，诉讼双方就像正式演员那样陈述各自的理由，审判过程为两天乃至一周。[2] 因此，非洲土地权利的起源、日常运行都是通过口头形式加以实现的。

第二，神圣性。土地的神圣性同传统宗教信仰密切相关。土地被视为至高神的创造物，并且同祖先崇拜紧密联系在一起，通过一系列与农业有关的土地祭祀相关联。在非洲人看来，土地是人类存在的起点与终点。非洲传统宗教[3] "不仅设想有一个单一的神，而且通过自然崇拜，所有有生命和无生命的事物都是神的存在"[4]。尽管非洲传统宗教存在诸多的神祇，但是这些之上存在一

---

[1] Elias Olawale, *La nature du droit coutumier africain*, Paris, édition Présence africaine,1961, pp. 265-266.

[2] 何勤华、洪永红：《非洲法律发达史》，北京：法律出版社，2006，第119 页。

[3] "传统宗教"一词较为中性，能够更为客观地描述非洲人对其本土宗教的信仰，也能显示出非洲宗教文化的动态发展与历史流变。详见周海金：《关于非洲传统宗教的若干问题研究》，《世界宗教文化》2017 年第 3 期，第 44 页。

[4] 艾周昌：《非洲黑人文明》，北京：中国社会科学出版社，1999，第349 页。

个起主导作用的至高神。至高神被视为"万物的创作者，是全能、全知的超自然存在"[①]。在非洲，土地被普遍视为属于至高神。至高神创造了土地与世界万物，将土地用于服务非洲人的生存与发展。土地是养育人的母亲，有责任决定个人从出生到死亡的生活："是人属于土地，而不是相反。"与此同时，在以部落为主要社会结构的非洲，祖先在非洲人的日常生活和灵性世界中均处于核心地位。远古的祖先与非洲人的日常生活联系最为密切，因此非洲人对祖先的崇拜最为热烈与持久。大地被赋予了灵魂，即此土地上第一批先民的灵魂。所以，作为祖先留下的资产，土地便具备了一种神性。

第三，农业属性。前殖民时期的非洲社会是农业社会，人们能够从事的唯一活动是与第一产业有关的活动，即农业、畜牧业、渔业、狩猎和采集。所以，当地的发展在本质上都是农业的，深受农业文明的生存与发展需要的影响。因此这些规则都是为农业活动的开展而制定的。在酋长管辖的情况下，酋长负责分配土地。尽管后来该地区被征服，征服者还是区分了传统酋长与土地酋长。土地酋长是祖先的代表，也是宗教领袖。土地酋长行使被征服土地集体财产管理者的权力，也就是在土地归属上解决集体成员之间的纠纷，并捍卫本集体的土地完整，免受外来侵略的权利和义务。对于农民来说，土地是公平的，有时甚至是非常慷慨的，因为一粒种子可以换来无数的回报，而这一切都是辛勤劳作的结果。

---

① 转引自周海金：《关于非洲传统宗教的若干问题研究》，《世界宗教文化》2017 年第 3 期，第 46 页。

"肥沃的土地本身，在其丰硕的果实中，蕴含着一种内在的尺度。
人类为这块肥沃的土地所付出的辛勤播种和耕耘，都会得到大地
以嫩芽和收获的形式给予公平回报。每个农民都知道这种公正的
内在尺度。"[1] 通过人类的劳动，大地被改造成各种类型的田地，人
们在其中耕作并收获。在撒哈拉以南的非洲，农业占据核心地
位，并关系到整个劳动人口。这些社会的特点是自给自足的耕作，
这使人们能够承担起养育大地母亲的角色。卡尔·施密特（Carl
Schimit）认为，"因此，土地在三个方面与法律相关联。土地本身
具有法律效力，是对劳动的回报；大地表面具有法律效力，是既定
的边界；土地本身具有法律效力，是秩序的公共标志。法律以土地
为基础，与土地相关联"[2]。

第四，集体所有属性。在大多数非洲社会，土地要么属于家
庭，要么属于社区。这里的家庭，并不是欧洲意义上的家庭，而
是大家庭，或更准确地说，是血统。这个家庭是由共同祖先的所
有后裔组成的，在母系社会中是母系的，在父系社会中是父系的。
获得财产或任何权利通常以所属血统为基础。因此，土地保有权
在某种程度上就是血统保有权，但断言任何血统之外的人都被排
除在土地财产权力的享有之外也是不正确的。作为家族财富的土
地不仅满足了在世的家庭成员的需要，也满足了未来出生的人的
需要。死者还会关心共同遗产的管理是否良好。用尼日利亚领导

---

[1]　Carl Schimitt, *Le nomos de la terre*, Paris, Presse Universitaire de France, 2001, p. 47.

[2]　Carl Schimitt, *Le nomos de la terre*, Paris, Presse Universitaire de France, 2001, p. 48.

人的话说就是这样："在我看来，大地属于一个大家庭，其中许多成员已经死去，少数还活着，还有无数的成员尚未出生。"[1] 在农业社会中，土地是财富的主要来源。人类的生存依赖于大地，土地的条件影响着那里定居的人们。非洲社会恶劣的生存环境、低下的生产力，决定了人们必须以群体的方式组织起来，进行生活与生产活动。[2] 而且，土地集体所有属性也同非洲人的个人观有密切关系。非洲人不将自己视为独特且独立的个体，而是作为某一团体的成员而存在，个体与群体始终是相辅相成的。

第五，不可分割性。土地不可分割在前殖民时期是一条绝对原则。土地的持有者包括个人或社区，不能为了其他个人或社区的利益而明确放弃土地权利。即使在领导人拥有绝对权力的情况下，也不存在例外。村庄的首领或家庭、家族的首领不能转让土地。土地属于酋长，这也只是反映了一种确认土地属于氏族或领地集团的方式。酋长在任何地方都被视为土地的象征，代表社区管理土地。酋长扮演着土地保管人或普遍管理者的角色。他将部分土地分配给家长，而家长又将土地重新分配给家庭成员，目的是开发而不是转让。这种做法至今仍在继续。但是，在前殖民社会中，非洲广泛存在着转让的情况，因为习惯法并不禁止个人或社区暂时放弃其对土地的部分权利。比如，允许使用土地作为担保来获取借贷。当债务人无法偿还债务之际，通常可以授权债权

---

[1]　Elias Olawale, *La nature du droit coutumier africain*, Paris, édition Présence africaine,1961, p. 183.

[2]　何勤华、洪永红：《非洲法律发达史》，北京：法律出版社，2006，第116页。

人开发其质押标的土地，最高限额为债务金额。此外，正如莫里斯·德拉弗斯（Maurice Delafosse）所言："土地在非洲被视为一个神明。它属于它自己，任何人都不能处置它；它既不能被占有，也不能被转让。就像科特迪瓦的谚语所言：'不是人拥有土地，而是土地拥有人。'"① 因此，作为被崇拜的对象，兼具物质与精神双重属性，占有它或者转让它在非洲人看来都是难以想象的。

第六，非洲法律的可变性。有观点认为非洲法律是静态和不变的规则体系。法律习俗以宗教为基础，是祖先的遗产，将一劳永逸地建立社会生活的规则。正如 M. A. P. 罗伯特所言，尽管同一习俗在特定地区可以呈现出无限的变化，但它给人的印象是一个整体——一成不变和无形的整体："我们的父亲做了什么，我们的孩子也会做。与其说是落后的文明，不如说是石化的文明更准确。"② 诚然，非洲的法律制度是建立在祖先的基础上的，废除法律并不是常见的活动，但不能就此断言非洲习惯法是不可变的。法律是一定社会秩序的体现与保障，社会秩序的变迁，必然会引起法律的演变，非洲习惯法也不例外。每当习惯法不适应非洲社会现实时，非洲人就会毫不犹豫地规避它，甚至消灭它。非洲人一直认为有必要调整其法律体系以适应不断变化的现实。正如英国学者德利伯格（J. H. Driberg）所言："非洲人非常聪明，他们总能

---

① Maurice Delafosse, *Les civilisations disparues : les civilisations négro-africaines*, Paris, Stock, 1925, p.97.

② 转引自 Guy-Adjété Kouassigan, *L'homme et la terre. Droits fonciers coutumiers et droit de propriété en Afrique occidentale*, Paris, Ostom, Berger-Levrault, 1966, p.28。

想出办法来摆脱因法律规则不足而陷入新情况的困境。如果某种习俗变得具有压迫性，他们不会纯粹而简单地废除它，因为它具有宗教意义。但是，精通法律艺术的大师们，他们组织了一个仪式，使他们不再适用该习俗——现在已经过时的习俗。……随着时间的推移，这种仪式变得越来越重要。"[1] 因此，有必要摆脱将非洲习惯法视为静止不动的事物，不存在一个静态的前殖民法律体系。

三、殖民时期土地制度

法国在非洲建立起殖民统治体系是改变非洲土地制度的基础与前提。法国在非洲的殖民统治方式是殖民土地制度的大框架，法国所建立的殖民土地制度服务于法国在非洲的殖民统治。

（一）法国殖民统治的建立

法国是典型的大陆成文法系国家。非洲地区大陆法系化同法国在非洲的殖民侵略与统治密不可分。殖民统治的确立是法国成文法扩张的前提。

1. 法国殖民统治的建立

法国对非洲的殖民扩张可分为两个时期，在 19 世纪 70 年代之前，法国的殖民统治主要在北非的阿尔及利亚，在撒哈拉以南非洲仅仅局限在西非沿海的塞内加尔圣路易港周围的四个城镇。

---

[1]　Elias Olawale, *La nature du droit coutumier africain*, Paris, édition Présence africaine,1961, p. 196.

当时的海外殖民地仅 90 万平方公里。[1] 随着 19 世纪 70 年代世界资本主义逐步向帝国主义过渡，殖民地的重要性日益凸显，各西方列强开始疯狂殖民扩张，法国也加入其中。而且，1870 年普法战争爆发，最终法国战败。法国为了扩大自身的实力，其地缘政治扩张方向被迫转向欧洲以外。1884 年柏林会议后，法国通过军事征服逐步建立了非洲大陆最大的殖民帝国，占有全非洲领土的 35.6%。法属西非殖民地包括毛里塔尼亚、塞内加尔、尼日尔、法属苏丹（今马里）、法属几内亚（今几内亚）、科特迪瓦、上沃尔特（今布基纳法索）和达荷美（今贝宁）8 个国家。17 世纪至 19 世纪下半叶，随着不断进行的殖民扩张，法国逐渐控制了整个西非地区。1895—1904 年，通过一系列法令，法国将这些陆续获得的殖民地整合成一个殖民联邦，称为法属西非。同样地，法国还将其在中非地区的殖民地整合成第二个殖民联邦，称为法属赤道非洲。法国对这两个殖民地的法律输入，是以殖民联邦为单位的。法属赤道非洲包括今天的加蓬、刚果共和国、乍得和中非共和国。法国在赤道非洲的殖民扩张模式与在西非的基本相似。19 世纪早期，法国在加蓬沿海建立了用于贸易、传教、燃料补给的据点，进而向内陆扩张，到 20 世纪初已经控制了很大一片地区。法国最初将所得殖民地合并成法属刚果，后又于 1910 年建立第二个殖民联邦——法属赤道非洲。多哥和喀麦隆原来是德国的殖民地。第一次世界大战爆发后不久，法国和英国占领了这两块殖民地，并通

---

[1]　何勤华、洪永红：《非洲法律发达史》，北京：法律出版社，2006，第221 页。

过一系列条约将其瓜分。德国战败后，根据《凡尔赛条约》，德国放弃在前殖民地的所有权利，1922 年国际联盟将多哥和喀麦隆的法占区托管给法国。因此，多哥和喀麦隆名义上是法国的托管地而不是殖民地。

法国在非洲的殖民统治策略主要包括直接统治、间接统治和有限自治。[①] 三者之间的差别"只是在程度上而不是在性质上，只是在方式上而不是在本质上"，本质上都是为法国殖民统治的经济政治利益服务。法国在撒哈拉以南非洲的法属西非和法属赤道非洲推行的则是直接统治。殖民统治初期，法国推行的仍是间接统治。这是因为法国殖民扩张过快，缺乏完整的殖民化计划与政策，也难以派出足够的人员来管理这些殖民地，所以初期仍然依靠同当地土著签订保护条约的方式，依靠传统政治与土地酋长来弥补殖民统治力量的不足。只要这些土著领袖承认法国的宗主权，法国便维持其传统的政治制度、法律秩序、宗教习俗等，不过这是权宜之计。[②] 直接统治制度建立在法国"同化"主义的殖民理论之上。该理论强调这些殖民地都是法国的行政区，都是法国民族或社会的海外延伸。法国是中央集权型单一制国家，因此法国海外殖民地同法国本土省份一样受制于法国政府。1895 年，法国直接统治的层次结构基本建立。在西非，法国设立西非大总督，有权管辖法属西非领地的各总督。1902 年，大总督驻地迁至达喀尔，由专人担任，整个西非领地均听命于该总督。如此一来，法

---

①　间接统治主要在北非地区，在此不做叙述。

②　何勤华、洪永红：《非洲法律发达史》，北京：法律出版社，2006，第211 页。

属非洲便建立起等级结构，且听命于巴黎。在巴黎，除法国总统和总理外，便是殖民部长，然后是非洲大总督、各领地总督、各领地省郡官员以及殖民地政府委派的土著官员。法属赤道非洲权力结构基本类似。此外，将传统酋长从原来本地管理者通过贬黜、流放或重新任命等边缘化，最终使其沦为"一个地区的行政管理人员"。

第二次世界大战结束后，法国的殖民统治策略发生重大变化。1941 年，为了动员殖民地人民支援法国反法西斯战争，"自由法国"颁布了《埃布埃公告》(*La circulaire de Félix Éboué*)来改革殖民政策，主要包括：恢复土著部分传统权力，承认土著政治机构，以殖民地权力和土著机构权力的结合取代原先的直接统治；经济上鼓励自耕农经济，发展生产以支援战争；文教方面颁布法令，鼓励创办学校及各种文化俱乐部、青年俱乐部，设立新法院等。1944 年，各殖民地总督在布拉柴维尔开会，讨论"以何种现实基础上通过逐步建立共同体来代替法国在整个非洲领地实施的直接管理"[①]。布拉柴维尔会议的内容为未来法国第四共和国的殖民政策奠定了基础。1946 年，第四共和国成立，并宣告以法兰西联邦（L'Union Française）取代法兰西帝国，联邦包括各海外省、领地和保护国。虽然宪法规定法国本土与海外人民的权利义务一律平等，但是法国本土的公民与法国海外领地的臣民的二元结构并未改变。殖民地名义上改为海外领地，每个领地成立由选举产生的

_____

① 吴秉真、高晋元：《非洲民族独立简史》，北京：世界知识出版社，1993，第 253 页。

领地议会，将大总督改为高级专员，总督改为专员，但不意味着法国控制非洲殖民地的力度降低。

2. 法国殖民土地立法

由于法国在非洲以直接统治为主，其法律也呈现出"直接移植"的调整，即在政治强制力的驱动下，将法国本土法律直接移植到非洲法律土壤中去。[①] 根据学者总结，法国在非洲殖民地的法律类型包括三种，即殖民中央立法（巴黎立法）、殖民地法和殖民当局选择的习惯法。殖民中央立法包括法律（Loi）、行政部门的法令（Décret）、条例（Ordonnance）或命令（Arrêté）。法属非洲殖民地本土法的主要渊源是制定法。大陆法的另一特点是对编纂法典的偏好。法国本土法典适用于殖民地。法国对殖民地立法坚持特别立法和集中立法两个原则。前者意味着殖民地法律必须在巴黎进行特别立法行动，后者则意味着殖民地授予权只能属于法国中央政府。

1899 年 2 月 8 日，法国颁布了关于因公共事业免费征用土地的法令。同年 3 月 28 日则颁布了更为具体的建立国有土地制度的法令。1900 年，法属西非殖民地实施了一项法令，根据该法令，所有未占用和未开垦的土地都属于法国所有。因此，除在推定的国家许可（许可占用）之前使用土地的权利外，所有对土地的习惯权利均被取消。1906 年 7 月 24 日颁布了关于法属西非土地产权制度组织法令，目的在于引入土地登记制度将私人土地理念推

---

① 何勤华、洪永红：《非洲法律发达史》，北京：法律出版社，2006，第236 页。

广至全部法属殖民地，从而为殖民者利益服务。这意味着土地登记制度开始向土著居民开放，但主要面向酋长与当地贵族。随后，由于低估了非洲人对传统习俗的坚持，1925年10月8日颁布的一项法令启动了一项鼓励登记的新举措。该法令针对法国殖民地的土著居民，敦促他们申请所有权，特别是城市中的土地。这种做法不是作为土地登记提出的，而是作为对习惯权利（确立）的承认和登记。这些所有权被定义为要在习惯土地簿中登记土著财产所有权。该法令的目标是"提高非洲人口对其土地遗产价值的认识，从而促进向基于法国《民法典》的财产制度过渡"。1932年7月26日颁布关于重组法属西非土地所有权制度的法令，重申了1906年土地登记制度，不过更为详细地规定了非习惯权利的登记程序。1935年11月15日颁布了关于法属西非国有土地管理的专门性法令，该法令实际上重申了1900年颁布的大部分原则，但进一步规定，即使是根据习惯法所开发的耕地，也可以通过相应程序转让给国家。1955年5月20日颁布了关于法属非洲土地重组法令，涵盖了法属西非与法属赤道非洲。该法令重申了国有土地制度及其特许权制度，但正式承认了习惯权利的合法性，而且，允许习惯权利持有者在土地登记册上登记其权利，当土地开发是永久性且明确时，该登记册赋予人们获得土地所有权的权利。这些规定意味着在承认人们对土地的习惯权利方面向前迈出了重要的一步。国有私产不动产不再以默许形式存在，而是根据法国《民法典》或土地登记制度所规定而取得。如果出现反对意见，则由国家进行行政调查以确认不存在优先权利的证据。

（二）法国殖民土地制度

自 19 世纪末起，法国逐步在非洲制定了一系列的土地法律，从而建立起殖民土地制度。法国在非洲殖民地的土地制度的最大特征便是引入了国家所有权概念，以及试图通过土地登记计划促进非洲私人产权制度的发展。国有土地制度理论与土地登记制度构成了法国殖民政策的基石，其目的在于实现从所谓的保护国状态过渡到直接统治之下。尽管法国力促传统公共土地转为私人土地，但实际上在广大农村地区所产生的影响不大，习惯土地制度依然存在。

1. 国家所有权制度

国家所有权制度（Domanialité universelle）是指"一国的全部或几乎全部土地取决于君主、国家元首、人民或民族的至高权力的原则"[1]。这一理论来自中世纪欧洲社会，在 19 世纪和 20 世纪被希望消除本国领土内旧有权利的国家政权所采用。这种普遍的国家所有权理论被殖民者用作殖民统治的基础，以便建立起财产制度。这与国家继承理论有关。国家继承是当一国在国际关系上对其领土范围内所享有的国际权利和承担的国际义务被另一国取代时而产生的一种法律关系的转移。[2] 但是需要指出的是，殖民化

---

[1] Gérard Chouquer, Le foncier, *entre propriété et Expertise*, Paris, Presses des Mines/Académie d'agriculture de France, 2019, p.202.

[2] 王铁崖：《国际法》，北京：法律出版社，1995，第 89 页。

并不是国际法意义上的主权转移，而是对主权的侵略与掠夺。

在殖民者看来，所谓继承主权的关键便是殖民地政府废黜、流放乃至自行设立那些管理原住民土地的土地酋长。殖民政府的唯一目标就是获取被它废黜的君主和传统领导人对这些土地所拥有的专有权。假设这些被废黜者享有对土地的完全所有权，那么这就允许殖民地政府取代这些行为体从而确立对这些土地的绝对控制权或所有权。但是，实际上传统非洲酋长对其权力所覆盖的广大地区并不享有绝对和排他的所有权，更多是一种虚拟的控制权。从本质上来看，殖民地政府大规模没收当地民众的土地是为了大公司的利益，因为国家在垄断资本主义发展过程中的作用越来越大。在殖民地，这些大公司享有土地的绝对特权。所以，借助所谓国有化政策，殖民地政府成功转变为一个主要以土地为主的不动产分配公司。而且，法国为了改变国有公共土地的不可剥夺的属性，必须发明一种可以针对殖民地和保护国的"公共土地"理论，这一概念使得国家财产和"社区财产"都可以流动："在我们所有的殖民地领土中，国家所有权问题相当重要。由于征服或占领的事实，非洲土地转移到'文明人'手中。因此，保护这一遗产是新政府的首要义务之一。"[1] 因此，法国借助征服、占领或签订条约等成为殖民地领土内唯一可以合法统治的政府，逐步区分

---

① Selon A. Giraudet , « la distinction entre le domaine public et le domaine privé de l'État ne provient pas de la loi. Cette distinction est une œuvre entièrement doctrinale », 1910, p.152. cité dans Nada Auzary-Schmaltz (dir.), *La justice française et le droit pendant le protectorat en Tunisie*, Tunisie, Institut de recherche sur le Maghreb contemporain, 2007, pp.175-188. https://books.openedition.org/irmc/488?lang=fr#bodyftn2

了国家公产、国家私产、个人财产三种类型及其转变方式（征用、特许权等）。这一制度后来被新独立的法语非洲国家所继承并沿用至今。

2. 土地登记制度

为了推动殖民地资本主义的发展，移植私人土地产权制度成为法国殖民地政府的首要任务。法国的土地登记制度受到澳大利亚的托伦斯制度的启发。该制度是由英国陆军上校罗伯特·理查德·托伦斯爵士发明的，于1858年通过并在南澳大利亚应用。因此，该法律随后被称为"托伦斯法案"（Torrens Bill Act）。该制度主要是为了控制殖民地土地，包括强制登记产权、清除旧权利以及保证产权和可抵押。该制度包括五个阶段：（1）被征服的领土被视为无主之地（没有行使任何权利的土地）并宣布为王室财产；（2）殖民政府按照预先制订的计划通过标界划定土地；（3）这些地块被编号并分配给在殖民地的新定居者以便开发；（4）一旦土地被开发，受益人通过从行政部门收到地契从而成为记录在土地簿中土地的完全所有者；（5）任何所有权的转让（通过出售、继承等）均须通过土地簿来进行，政府确保转让与产权的有效性。① 而且，地契被视为不受时效限制且无懈可击的。在法国殖民地，为了在殖民地确立起稳固的统治、清除混乱的权利体系、保障欧洲移民的产权，从而促进殖民地的开发，法国政府以"土地登记制度"

---

① Hubert Ouedraogo, « Mythes, Impasses de l'immatriculation foncière et nécessité d'approches alternatives », *Fiche pédagogique du Comité technique « Foncier et Développement »*, Ministère des Affaires étrangères/Agence française de développement, p.2.

（L'immatriculation）为名自上而下进行推广。一般而言，土地登记程序包括五个步骤：（1）申请人提出注册申请；（2）请求已公布，所有投诉或反对意见均已收集到官方登记册中；（3）对土地进行划界和边界标记；（4）任何争议均已由行政部门或法院解决；（5）登记进行后，向登记申请人颁发地契（Titre foncier）。[①] 在土地簿上进行登记的土地创建了土地产权，该产权有精确的登记号，且具有完全确定性和不容置疑的属性。因此，对于新定居在殖民地的定居者来说，法律保障似乎是最大程度的。但是，土地登记程序通常漫长且复杂，成本也很高昂。因此，主要面向外来殖民定居者以及少数传统精英，包括传统酋长与土地酋长等，而占绝大多数的农村民众并不能从中受益。尽管在殖民统治结束之际，登记土地仅占非常小的比例，但是这一制度仍对法语非洲土地制度产生了深远的影响，至今土地登记制度仍然沿用，且是土地正规化的必经程序。

四、当代土地制度改革

第二次世界大战后，特别是 20 世纪 60 年代，欧洲列强殖民统治下的非洲各国纷纷独立，建立民族国家。但是，这些国家的独立并不意味着这一法律移植的终结，相反，大部分殖民时期的法律仍然被保留了下来，并成为各独立国家自己的法律。各国的宪法都规定：除非与宪法相抵触，否则法律法规仍继续有效直至被修订或废除。正如加蓬上诉法院 1963 年指出的，"独立的影响之

[①] *Idem.*

一就是使现存的在加蓬生效的法国法民族化"，使它们成为加蓬的法律。[1] 所以才会有伯纳德·杜兰（Bernard Durand）所提到"通过保护'法国法典，主要是民法、民事诉讼法和商法'来维护法国法律体制"[2]。但是，需要指出的是，这些国家也会根据自身特点对其进行一定的调整，调整力度因国家而异。随着 20 世纪 70 年代的到来，很多非洲国家选择了非洲式社会主义道路，开始对非洲土地进行大规模国有化改革。一方面，这符合非洲以村落集体主义为基础的传统社会经济模式；另一方面，面对外部力量的干涉以及国内复杂的社会经济矛盾，建立强有力的国家是必要的，那么土地作为最重要的资源，有必要掌握在国家手中，发挥出国家可以集中力量办大事的优势。这种做法于独立初期的三十年内在很多非洲国家（包括英语和法语国家）推行，比如加纳、贝宁、马达加斯加、布基纳法索和塞内加尔等。

自 20 世纪 80 年代中期以来，在国家危机、经济自由化和农村地区冲突加剧的背景下，非洲的土地问题再次提上发展政策的议程。当代西非正在经历一波土地政策改革浪潮，实际上农村减贫的成果可谓喜忧参半。这些改革有两个不同但密切相关的方向：一方面，颁布了新的土地法律（科特迪瓦、尼日尔、布基纳法索、贝宁、马里）；另一方面，在制定这些新标准的同时，启动了耗资巨大、雄心勃勃的传统土地权利登记和正规化计划。不过，在 20

① 何勤华、洪永红：《非洲法律发达史》，北京：法律出版社，2006，第 235—236 页。

② Bernard Durand, *Introduction historique au droit colonial*, Paris, Economica, 2015, p.301.

世纪 90 年代初期，这些权利登记与正规化的私有化改革计划遭到了强烈的抵制，特别是在农村地区，因为这些改革不仅成本高昂、经济效用优先，而且常常助长了土地资源掠夺、社会不公等问题。政府对于土地权利正规化的反思不断扩大，试图更好地兼顾解决当地土地存在的问题，以及保证多样化的土地资源合理利用。新的范式转而支持对传统土地制度的适应性改造，既不支持完全国有化，也不支持完全私有化。[①] 但是，奇怪的是，21 世纪初再次出现了权利正规化和私有化政策新趋势[②]，尤其是在非洲国家。因此，有必要对其进行阐述，而且适应性范式也并不完全排斥个人产权的确立。当代非洲主要土地改革范式包括建立个人产权、正规化以及权力下放三个方面。

首先，个人所有权化。私有产权模式强调承认不动产的所有权，并将所有权作为土地保障的核心要素。但是在西方，存在不同的产权形式，具体取决于所涉及的背景与法律文化。此外还包括新制度主义学派提出的公地与"权利束"概念。在大陆法系传统中，所有权概念直接源自法国大革命的原则，强调其统一性、排他性和绝对性特征。土地产权被视为个人权利，目的在于为不动产提供最大程度的法律保障。但是，在普通法系传统中，所有权概念更多同土地的经济效用有关，而不是从纯粹法律角度出发。

---

① 胡洋：《传统与现代：加纳传统土地制度改革析论》，《西亚非洲》，2021 年第 5 期，第 78 页。

② Anne Perrin edi., *La formalisation des droits sur la terre dans les pays du Sud : dépasser les controverses et alimenter les stratégies*, Paris, Maedi, AFD, 2015, p.20.

财产权的处理主要基于法律的经济推理。这种经济理论强调能用该物品做什么，而非执着于谁拥有该物品。普通法则通过公共有用性来处理所有权概念，因此在英国使用多种法律形式，包括所有权、永久业权、信托、债券、用益权、遗产等。但是，大陆法系则不允许普通法如此灵活多元地处理土地权利。但是，需要注意的是，民法概念中的所有权概念越来越不那么绝对，呈现出越来越多的"飞地""走廊"等概念。也就是产权概念的异质性增强，没那么多排他性，受到越来越多使用权的渗透。因此，占有和集体使用形式成为其财产权的一个要素。此外，研究非洲土地法，不可回避的一个基本问题便是如何处理众多的公共资源，即非洲的公地。根据埃莉诺·奥斯特罗姆[①]（Elinor Ostrom）的研究，非洲土地包括公共土地、私人土地以及习惯社区土地三种。习惯社区土地便是公地，实际上是一个独立的实体，但绝不等同于公共土地。她认为"在向所有人开放的公共利益与排他性私人利益之间，还有一种权利组合要素的分配受到调节的情况。这些权利是获取权、提取资源权、管理权、排斥权、让渡权。共同点是构成捆绑包的权利的不平等分层分配。在公地，治理模式不是通过外部机构，而是在内部和地方上通过一种自觉且被接受的管理来解决"[②]。

目前，建立土地所有权的做法对于包括非洲在内的很多发展中国家尤为令人困惑。殖民化曾设想通过殖民地国家建立起私有

[①]　埃莉诺·奥斯特罗姆：《公共事物的治理之道：集体行动制度的演进》，余逊达、陈旭东译，上海：上海人民出版社，2012。

[②]　Gérard Chouque, *Le foncier, entre propriété et Expertise*, Paris, Presses des Mines, 2019, p.81.

产权社会，但事与愿违，且与非洲日常土地权利实践不相符合。这种源自西方的产权理念并不被非洲人所接受，且容易导致模糊不清与混乱产生。而占有权更好地反映了非洲人与其财产的关系。一些学者认为这种产权概念所需要的书面化与形式化，只会加剧非洲土地权利体系的混乱，也使土地不安全感更大。

其次，形式化。当前的土地改革依赖于国家担保的地契，这便要求土地行为的正式性。正如阿兰·罗什古德（Alain Rochegude）所总结的，自独立以来的所有土地立法（以及之前的殖民立法）都是围绕一个理念设计的："除了成文法之外，没有其他法律，而成文法不能与财产法不同。"① 秘鲁学者埃尔南多·德索托（Hernando De Soto）在 21 世纪初提出并发展了支持土地所有权广泛正规化的论点。该理论在当时引起了发展中国家和国际"发展援助"机构的特别共鸣。他认为，穷人不是问题，而是解决方案，而这些穷人并不总是意识到非正规化土地构成了"死资本"，应该被唤醒。因此，根据他的说法，将习惯权利系统地正规化为私有产权，是实现这种"死资本"的价值并通过获得信贷使其增长的基本手段。② 这一理论助长了一种在发展援助机构中已经广泛传播的想法，根据这种想法，如果想要确保习惯权利合法化必然涉及

---

① Alain Rochegude et Caroline Plancon, *Décentralisation, acteurs locaux et foncier : fiches pays*, Comité technique « Foncier et Développement », Ministère des Affaires étrangères/Agence française de développement 2009, p.34.

② Jean-Pierre Chauceau, "Les politiques de formalisation des droits coutumiers en Afrique rurale subsaharienne : une perspective historique", in : CTFD, *La formalisation des droits sur la terre : bilan des expériences et des réflexions*, Regards sur le foncier N° 2, AFD, MAEDI, Paris, avril 2017, pp.56-57.

提供合法化的所有权。自 20 世纪 90 年代末开始，在世界银行和发达国家的资金支持下，很多非洲国家开展了大规模、系统性地将习惯权利转变为个人权利的行动。

但是，这种教条化的做法引发了一系列批评。首先，地方土地制度不是集约化的主要障碍，所有权不足以保证信贷，且未更新的地籍制度反而加剧了权利的模糊化。其次，批评普遍都认为正规化计划实际上忽视了改革对农村地区不利的社会、政治与经济影响。更何况这种正规化对国家制度与经济能力要求颇高，这恰恰是非洲国家所严重欠缺的。

最后，权力下放是普遍的。当代非洲国家土地治理模式深受殖民遗产影响。宗主国为了稳固统治，镇压反抗力量，建立了中央集权的国家模式，这种模式基本上忽视了多样化的地方现实。关于土地登记与保护职能基本都集中在中央不同部门手中，大多数从属于经济和财政部。这体现了行政—财政导向的特征。这种模式在当代被视为离普通民众过于遥远、成本高昂且功能失调，所以要进行权力下放。自 20 世纪 90 年代初期起，非洲国家逐步进入民主化和权力下放阶段。这便催生了一种基于地方动态的新的土地改革方式，寻求将经典模式同开放地方治理相结合。但是，基于非洲历史的地方土地治理有其自身的逻辑，也不同于一般意义上的中央与地方权力的调整。后者严重忽视了传统地方本身所具备的一系列优势，且把其当作障碍加以拒绝，这在实际中造成了很多困境，更何况这些国家的国力仍然十分薄弱，包括中央政府也是如此。

第二章　当代塞内加尔土地制度改革

塞内加尔共和国位于非洲大陆最西端，与毛里塔尼亚、马里、冈比亚、几内亚和几内亚比绍接壤，国土面积 19.67 万平方公里，截至 2023 年 7 月，塞内加尔总人口大约为 1776.31 万人，相比 1976 年增长了两倍多。而且，其城市率也从 1976 年的 34% 上升至 2021 年的 47.38%，仍有 52.62% 的人生活在农村。塞内加尔是世界上最不发达的国家之一，资源相对贫乏，但经济发展水平位居西非地区前列，经济门类较为齐全，渔业、花生、磷酸盐和旅游业为四大传统支柱产业。塞内加尔有 20 多个民族，最主要的三个民族为：沃洛夫族，占全国人口的 43%；颇尔族（Peuls），占全国人口的 24%；谢列尔族，占全国人口的 15%。塞内加尔经济门类较齐全，三大产业发展较平衡。自 20 世纪 60 年代以来，农业、林业和渔业对塞内加尔 GDP 的贡献一直呈下降趋势，但自 2007 年以来有所回升，2020 年达到 17%。全国农业可耕地面积约为 400 万公顷，有超过 60% 的人口从事农业生产，是西非地区主要的花生、棉花生产国。目前塞内加尔有 14 个行政区，下设 45

个省，117 个县，基层市镇与村社分别有 113 个和 370 个。[①] 自独立以来，塞内加尔政治较为稳定。由于塞内加尔经济以农业为主，以及土地对于塞内加尔人的身份、文化以及政治的重大意义，土地历来都在塞内加尔占据着至关重要的地位。1960 年塞内加尔获得独立。与大多数法语国家一样，塞内加尔决定保留从殖民时期继承下来的基本法律、行政制度和教育制度。不过随着独立后的社会政治经济发展，该国政府也在不断进行着调整与改进，包括最初的社会主义国有化土地政策，以及后来逐步与权力下放以及发展市场经济相结合进行的土地改革立法与实践，着力探寻适合本国的土地制度。

一、独立初期塞内加尔土地制度

塞内加尔 1960 年独立后选择了非洲社会主义道路。塞内加尔首任总统利奥波德·塞达尔·桑戈尔（Léopold Sédar Senghor）认为，这是从罗马法回到非洲黑人法，从资产阶级的土地所有权概念回到传统非洲的社会主义概念中去。[②] 集体享有的习惯传统在农村地区根深蒂固，不可能说服农民放弃这种传统，转而支持个人

---

① 对外投资合作国别（地区）指南编制办公室：《对外投资合作国别（地区）指南：塞内加尔（2023 年版）》，商务部国际贸易经济合作研究院、中国驻塞内加尔大使馆经济商务处、商务部对外投资和经济合作司，2023，第 2—4 页、第 7 页、第 11—12 页。

② Monique Caveriviere et Marc Debene, « Foncier des villes, foncier des champs (Rupture et continuité du système foncier sénégalais) », *Revue internationale de droit comparé*, vol. 41 N°3, 1989, pp. 617-636.

所有制，因为个人所有制更有利于土地的主人和显贵。当时的司法部长阿里翁·本拉达·姆本格（Alioune Badara Mbengue）也认为"在消除封建残余的同时，不能扰乱农民和畜牧者的生活，相反，要利用祖先的习惯法来团结各方共同努力谋发展"[①]。因此，这是一种适应塞内加尔发展需要的社会主义。1964年6月17日，塞内加尔颁布了关于国家所有土地的第64-46号法律。[②] 但是，塞内加尔只是冻结了自殖民时期开始的土地私有制扩张，并没有废除自殖民时期起已登记承认的私有土地，1963年宪法第12条宣布保护"财产权"，即使这种保护会损害"个人或集体财产"。

（一）1961年土地法令

1961年1月14日颁布的关于因公共事业和临时占用而进行征用的第61-06号法律。[③] 第2条规定："可以出于公共事业的原因通过征用的方式获得执行、实现或应用所有公共工程所必需的裸露、开发、耕种或种植的土地，以及必要的工程，以便用于公共服务、国防和安全、卫生、森林重新造林和与矿物开采有关的土壤运营，

[①] Ahmadou Coumba Ndiaye , *La problématique de l'accès aux ressources foncières des populations de la zone du lac de Guiers. Cas de la communauté rurale de MBane*, Mémoire de maser, Ecole Nationale d'Economie Appliquée, Sénégal, 2005, p.8.

[②] Loi Nº 64-46 du11 juillet 1964 relative au domaine national.

[③] Loi Nº 61-06 du 14 janvier 1961 règlementant l'expropriation pour cause d'utilité publique et l'occupation temporaire.

各种公共利益和发展计划的设施。① 该法律为被征用方的利益规定了补偿。1961 年 1 月 14 日的法律规定，授予农村特许权后最终获得的土地，如果超过五年未进行持续开发的，可以全部或部分转移到国家私产土地中。

（二）1964 年国有土地法令

1964 年 6 月 17 日关于国家所有土地的第 64-46 号法律正式颁布实施。1964 年 6 月 17 日颁布的这项法律的主要措施是将国家的绝大多数土地纳入国家领土，达到 95% 的土地，正如其第 1 条规定："国家领土内的所有未分类土地自动构成国家公共领土。"② 该土地由塞内加尔政府负责，塞内加尔政府声称自己负责重新分配这些土地，以 "合理使用和开发"，为国家发展做出贡献。其次，该法还将国家土地分为四类：城镇地区、分类地区（林业或保护区）、先行地区（拟在国家监管下进行开发）和地方地区（用于农牧业生产和居住）。③ 为了落实该法律，1964 年通过了第 64-573 号法令和第 64-574 号法令。前者规定了与国家土地有关的法律的适用条件，后者则专门就实施第 64-46 号法律第 3 条做了规定，授权在过渡时期以已进行永久开发的占用者的名义进行登记。④ 前者共有两章，第一章包含土地管理的规定，比如农村委员会的组成、组织、

① Art.2, Loi N°1961/06 du 14 janvier 1961 règlementant l'expropriation pour cause d'utilité publique et l'occupation temporaire.

② Art.1, Loi N° 64-46 du11 juillet 1964 relative au domaine national.

③ Art. 4, Loi N° 64-46 du11 juillet 1964 relative au domaine national.

④ Art. 2, Loi N° 64-46 du11 juillet 1964 relative au domaine national.

任务和运作，以及当地土地分配、转让、更改用途等程序。第二章则规定了以国家名义对国家所有土地的部分进行登记的形式与条件。1966 年颁布第 66-858 号法令，目的是执行有关国家领土的第 64-46 号法律第 5 条，规定了城市内国家所有土地农业用地的管理条件。[①]

实施该法的目的有很多。首先，为了更好地实施国家第一个发展计划，新政权选择排除殖民期间获得的财产所有权持有人可能提出的抗议和挑战。因此，它限制了补偿的力度，同时遏制少数群体的土地投机行为。其次，新政权还希望通过赋予土地的实际经营者更多的权利来改善农民的生活和工作条件，而不是单纯地有利于土地所有者。因此，开发条款要求经营者开发土地、发展农业以增加国家农业产量。该法律还旨在降低投资者被驱逐的风险，并简化土地规划前的谈判。

（三）1972 年乡镇法令

塞内加尔采取了谨慎渐进的权力下放政策。1960 年 12 月 13 日，塞内加尔将权力扩展至所有市镇，乡镇（Communaute rurale）成为公法实体，拥有相对自治权，特别是财政自治权，可以通过协商规范农村地区事务。1966 年 6 月 30 日颁布的关于市政管理的第 66-64 号法令，将管理市政机构的不同法律统一起来。1972 年 4

---

① Art. 5, Décret Nº 66-858 du 19 novembre 1966 portant application de l'article 5 de la loi Nº 64-46 relative au domaine national, et fixant les conditions de l'administration des terres du domaine national à vocation agricole situées dans les zones urbaines.

月 19 日关于创建农村社区的第 72-25 号法律是自塞内加尔独立以来权力下放的第一次重大改革，创建乡镇、促进权力下放和计划的区域化安排，[①] 所以也是一部重要的土地立法。

该国乡镇制度的建立是逐步进行的：第一个乡镇是 1972 年的蒂埃斯（Thiès），然后是 1974 年的圣撒卢曼（Sine Saloum）、1976 年的德茹尔拜勒（Djourbel）和卢加（Louga）、1978 年的卡萨芒斯（Casamance）、1980 年的弗勒伏（Fleuve）和 1982 年的塞内加尔东部。1972 年的第一次重大改革是更加自信的地方自由的先驱力量，创建了乡镇、促进权力下放和强化计划的区域化。土地事务则由选举产生的乡镇委员会（Conseil rural）进行管理，委员会的权限包括分配土地和变更土地用途等。之前，这些权限一直由大区和省区负责人享有。不过分配和变更土地用途须依据法律条款规定进行。土地分配程序必须根据三个标准进行：由个人或团体提出分配土地请求；申请方须是农村社区的成员；并且有能力单独或在家人的帮助下开发所请求的土地。因此，该法律的精神是通过授予用益权来促进乡镇辖区内土地的开发并有利于家庭农业。第 72-25 号法律以及随后进行了一些修改的法令，赋予乡镇委员会根据既定条件将其乡镇管辖范围的土地分配或转让给第三方的可能性。

尽管希望在乡镇辖区内提供公平的土地使用权（因为法律规定不歧视妇女和年轻人），但模糊性和不完整性使法律得不到良好的实施。一方面，许多社区缺乏土地，但是在那些仍有可用土

[①]　Loi N°72-25 du 19 avril 1972 relative aux communautés rurales.

地的地区在分配时并没有进行总体设计，而且，委员会及其附属机构几乎没有能力和专业知识来进行可靠的地籍调查。另一方面，开发概念以及土地归属仍然存在不确定性。开发的概念本身就有点模糊，所谓的充分开发缺乏精确的量化标准，比如到底种多少棵树才符合标准。而且，这种土地分配不是最终的且不可撤销的，因为它可以在许多情况下终止：如果不满足条件，或者该地块不再属于国家所有，受让人死亡时，受让人本人提出请求时等。因此，这种土地分配被视为一种开发与发展的义务，且不会自动将土地转让给后代，也不能成为任何交易的对象。20 世纪 90 年代该法律的演变促使塞内加尔农村和城市均进行了更深刻的改革。

（四）1976 年国有土地法令

1976 年 7 月 2 日第 76-66 号法律定义国家所有权制度，适用于所有国家所有土地，但须遵守其他法律文本中的具体规定。[①] 该法律包含国家所有土地相关法律。国家所有土地包括国家公产土地与私产土地。国家公产土地和私产土地包括属于国家的所有动产和不动产。国家公产土地由于其性质或目的而不易被私人占有。国家私产土地包括国家根据规定而获得的土地，或以其名义注册的土地等。该法律还包含土地分配、土地用途变更以及未分配土地管理的规则。

该法律第 5 条规定，自然公共土地包括领海、法律规定的大陆架、内海、最高潮汐期间被覆盖和未覆盖的海岸，以及最强潮汐达

---

① Loi Nº 76-66 du 2 Juillet 1976 portant Code du domaine de l'Etat.

到的界限宽 100 米的区域；由水高确定的限制内的可通航或可漂浮的水道，以及海岸距这些限制 25 米宽的区域；湖泊、池塘和永久性池塘也遵守同样的距离。另外，如果涉及不可通航或不可漂浮的水道，则该距离缩小至 10 米。自然公地海涵盖地表水和含水层，无论其来源、性质或深度如何。底土和空域也是自然公地的组成部分。其次，人工公地包括：公路、铁路、公交车站和通信线路的通行权，海港和河港及其直接和必要的附属物、堤坝、码头、平台、盆地，航道和拖道、灌溉和排水运河、渡槽和输油管道、钻孔和水井以及这些工程的附属建筑，水管和污水管、电源线，公用事业的地役权。自然公地需要获得道路许可、占用授权、特许权和经营授权，从而产生特许权使用费，但第 18 条规定的情况除外。[1]

其次，国家私产土地包括：国家按照普通法方法无偿或有偿取得的动产和不动产以及权利；国家通过征用取得的建筑物；以国家名义注册的建筑物；国家抢占的建筑物；为了国家利益而下令没收的动产和不动产及权利；根据 1932 年重组土地所有权制度的法令第 82 条的规定宣布纳入管辖范围的废弃建筑物。第 85-15 号法律废除并取代《国家土地法》第 5 条（a）款。[2] 由于有关领海和大陆架的国际法规则，它将领海和大陆架排除在国有土地之外。应该指出即使乡镇委员会不直接管辖国有土地资源，不过有时也会由于同国有土地的边界不明确或其他理由而进行干预，所以经常出现混乱。

---

[1]　Art. 5, Loi N° 76-66 du 2 Juillet 1976 portant Code du domaine de l'Etat.

[2]　Loi N° 85-15 du 2 juillet 1976 abrogeant et remplaçant l'article 5 (a) du Code du Domaine de l'Etat.

二、20 世纪 90 年代权力下放与土地改革

自 20 世纪 90 年代以来，塞内加尔一直反思其土地制度，并寻求建立起完备的土地改革方案，但是其进程却并不连贯与稳定。塞内加尔重视权力下放对于强化塞内加尔土地治理的作用。最重要的调整则是 1996 年 3 月 22 日颁布的第 96-06 号关于地方当局法令以及关于执行上述法令的第 96-07 号法令。[①] 1996 年的改革是塞内加尔权力下放进程的决定性转折点，因为它通过自由行政和减少控制等方式加强管理自主权，从根本上改变了国家与地方当局之间的关系，并增强了地方在九个领域的权限。这次改革还建立了新的机制，旨在加强地方当局的财政、人力和物力资源，以便地方能够利用权限进行良好的管理。此外，1996 年，政府也启动了土地改革探讨进程，其最终结果则是土地行动计划（Le Plan d'action foncière）。[②] 土地行动计划主要倾向于土地的市场化与商品化，以刺激私人农业投资。为了应对塞内加尔面对的诸多土地治理挑战，该计划提出了三种可能性方案：维持现状、市场化选择以及混合选择。

---

① Loi Nº 96-06 du 22 mars 1996 portant Code des Collectivités locales; Loi Nº 96-07 du 22 mars 1996 portant transfert de compétences aux régions, aux communes et aux communautés rurales.

② Sakhir Diagne, *Plan d'action foncier du Senegal*, Darkar, Ministere de l'Agriculture Unite de politique agricole, 1996, p.5.

第二章 当代塞内加尔土地制度改革

（一）两部法律的基本内容

1996 年第 96-06 号法令涉及地方当局的设置。第 1 条规定了三种类型的地方行政机构，即大区（La région）、市镇（la commune）和乡镇（la communauté rurale）。① 在此之前，大区仅仅被视为国家领土内一个分散的领土实体，现在成为具有公法法人资格和财政自主权的行政区，同乡镇与市镇一样。该法律还规定了这些行政机构的组织、运作和控制及其权限与制度。所有地方议员均由普选产生，任期为 5 年。该法律还规定，事先控制意味着省政府（省长或副省长）的授权代表必须审查地方当局做出的决定，审查通过后，决定才可以正式生效，而事后控制则意味着仅需要在审议后进行合法性审查即可。

1996 年第 96-07 号法令则将九个领域的权限转移给这三个地方行政单位。第二编规定所涉及的权限领域包括教育、土地管理、自然资源管理、土地使用规划等。② 该法令第 6 条规定，向大区、市镇和乡镇同时转移资源和技术。③ 国家向这些机构分配资金，而且也可以提供技术服务的支持，以帮助其完成具体任务。鉴于这些大区、市镇和乡镇被赋予相同的权力，该法律还规定了每个机

① Loi N° 96-06 du 22 mars 1996 portant Code des Collectivités locales.

② Titre 2, Loi N° 96-07 du 22 mars 1996 portant transfert de compétences aux régions, aux communes et aux communautés rurales.

③ Art. 6, Loi N° 96-07 du 22 mars 1996 portant transfert de compétences aux régions, aux communes et aux communautés rurales.

构必须移交权力的方式。

1996 年，塞内加尔决定改革城市和农村地区的组织结构，授予地方更多的权力。塞内加尔拥有 48 个市镇和 320 个乡镇，共计 368 个地方行政机构。权力下放必须遵守以下原则：坚持"国有土地和公共土地是整个国家不可分割的财产，仍然由国家持有，但是国家可将其管理权移交给当地政府"①。具体而言，第一指导原则源自第 11 条规定，"每个地方当局以有偿或免费形式获得公产土地和私产土地"②。第二指导原则源自第 58 条规定，"地方当局的不动产管理规则与国家范围内不动产管理规则相同"③。

（二）土地管理权限

国家土地权力下放主要落实在乡镇级别，将九个范围内的权限授予下级单位。塞内加尔的行政级别划分包括中央政府、行政大区和乡镇三级。根据规定，乡镇享有国家授权，即包括对任何土地使用权行使方式进行干预的权力。这就意味着乡镇有权分配其管辖范围内的国有土地，包括更改其用途，这主要涉及公共交通路线、公共场所、自然资源管理等。

根据第 192 条规定，乡镇由属于同一地区的一定数量的村庄组成，这些村庄通过邻里团结原则而聚拢在一起，拥有共同的利益并能够共同寻找发展所需的资源。④乡镇由乡镇委员会（Conseil

---

① Art.1, Loi Nº 96-06 du 22 mars 1996 portant Code des Collectivités locales.

② Art.11, Loi Nº 96-06 du 22 mars 1996 portant Code des Collectivités locales.

③ Art.58, Loi Nº 96-06 du 22 mars 1996 portant Code des Collectivités locales.

④ Art.98, Loi Nº 96-06 du 22 mars 1996 portant Code des Collectivités locales.

Rural）管理，法律所赋予的权限十分广泛且明确。乡镇委员会由当选的议员组成，任期为 5 年。从内部选举一名主任和两名副主任作为领导，同时副主任不能兼任所在乡镇地区的村长，而且必须居住在该乡镇范围内。主任作为国家代表行使一切国家授权。该职务对所属乡镇的村长享有领导权，负责完成国家授权范围内的任务，特别是执行维护稳定的任务。

根据第 195 条规定，乡镇委员会主要土地事务管理权限如下：在乡镇范围内行使任何使用权的方式（即习惯土地权），但须遵守法律规定的例外情况；土地的占用计划、居住区设施规划、整治规划、地块划分规划、临时或长期居住安置授权等；国有土地的用途指定或更改；动产和不动产的收购；公共道路和广场的分类、重新分类、开放、修整（校直、对齐、加宽）或拆除，以及非归类的道路建设、改进与维护；过路地役权和公共牧场；乡镇范围内的牲畜道路的创建、划定和落实，但国家专属范围内的主要交通干线除外；组织利用所有采摘的果实和伐木。[1] 此外，根据第 198 条规定，乡镇委员会也可以就集体休耕制度及其细节、土地清理和开荒等发表意见。[2]

此外，强调乡镇委员会的仲裁作用。根据第 229 条规定，乡镇委员会可以组建特别委员会或授权其部分成员指导土地事务纠纷，最终决定权在乡镇委员会，根据指导员提供的报告进行仲

---

[1]　Art.195, Loi Nº 96-06 du 22 mars 1996 portant Code des Collectivités locales.

[2]　Art.198, Loi Nº 96-06 du 22 mars 1996 portant Code des Collectivités locales.

裁。^① 1996 年第 96-07 号法律强化了地方关于土地交易的特权，该法律将权力移交给地方当局，因为验证交易所需的国家事先控制变成了事后控制。^② 换句话说，该委员会不再需要国家专属代表的参与，国家只需在当地机构审议后进行合法性审查即可。因此，他们不再参与决策过程。我们需要了解，尽管乡镇的土地管理权限得到肯定，但是国家仍保留其最终仲裁权。

三、21 世纪初的土地改革

2000 年 3 月，阿卜杜拉耶·瓦德（Abdoulaye Wade）当选塞内加尔总统，开启了撒哈拉以南非洲国家通过选举改变政府的先例。瓦德总统执政期间，塞内加尔政局总体稳定。在经过迪乌夫时代的结构调整之后，瓦德实行"以自由市场、开放模式和创造良好投资环境为特征的经济自由化政策"^③。在土地方面，主要进行了三个方面的改革，包括 2002 年和 2008 年的两次行政改革、通过 2004 年的《农林牧方向法》（*La Loi d'orientation agro-sylvo-pastorale*）和 2011 年的《土地产权制度法》（*Loi N°2011-07 du 30 mars 2011 portant régime de la Propriété foncière*）。

---

① Art.229, Loi N° 96-06 du 22 mars 1996 portant Code des Collectivités locales.

② Loi N°96-07 du 22 mars 1996 portant transfert de compétences aux régions, aux communes et aux communautés rurales.

③ 埃里克·斯坦利·罗斯：《塞内加尔的风俗与文化》，张占顺译，北京：民主与建设出版社，2015，第 38 页。

第二章 当代塞内加尔土地制度改革

（一）行政改革与土地改革探索

2000 年阿卜杜拉耶·瓦德总统上台后，进行了两次行政改革。第一次行政改革建立了马塔姆（Matam）地区，使其从此与圣路易斯地区分离。2002 年 1 月，塞内加尔再次对行政区进行调整，将曾经作为圣路易大区的马塔姆省升格为马塔姆区，下设三个省，即卡内尔（Kanel）、马塔姆和拉内卢费尔洛（Ranerou Ferlo），以缓解圣路易大区东西过长带来的不便。经过调整，全国拥有 11 个一级行政大区，34 个二级行政区。11 个行政大区的首府名称与大区名称一致。第二次行政改革发生在 2008 年。2008 年 2 月，塞内加尔国民议会审议通过关于修改地方行政组织法的法案，决定增设 3 个一级行政区，即卡夫林区（Kaffrine）、凯杜古区（Kédougou）和塞迪乌区（Sédhiou），由原来的 11 个大区变为14 个大区，下设 45 个省，117 个区，基层行政单位共有 150 个城镇和 353 个乡镇。[①]

其次，2005 年，塞内加尔政府成立了国家土地权改革委员会（Commission Nationale de Réforme du Droit à la Terre），负责处理城市、农村和旅游用地问题，以期在六个月内提出改革建议。国家土地改革委员会原本应该会集所有类别的利益相关者，但并不包括农业组织的有效代表。该委员会的工作成果是制定了一份题

---

① 潘华琼、张象：《列国志·塞内加尔》，北京：社会科学文献出版社，2018，第 8 页。

为《农村土地管理改革的若干建议》的文件，主张用土地私有化来发展国家，特别是建立起资本型投资区。但是，这些建议仍然是一纸空文。因为这遭到了全国农民合作与协作委员会（Comité national de concertation et de coopération des ruraux）的反对。它是由农业生产者及其代表机构组成，在土地政策领域非常活跃，社会影响力很大，其目标在于确保土地转让制度不会导致农民土地被剥夺，具体包括承认农民的真实土地权利、建立土地税制度以及免受城市化与经济发展的土地投机的破坏性影响。

（二）2004年《农林牧方向法》

从2000年起，塞内加尔启动了土地改革进程，民间社会组织也不同程度地参与其中。2001年，经济财政部内成立的一个工作组制定了土地改革项目。2002年至2008年，阿卜杜拉耶·瓦德总统启动了多项与农业和土地有关的改革进程。2002年，瓦德总统宣布，该国需要通过一项法律"定义可持续农业发展的长期愿景"。2002年，政府开始制定农业定向法，其初稿包括关于土地保有权的一章，并修改土地使用条件。但是，该法案遭到农民组织的反对，最终被废除。不过，2004年还是通过了《农林牧方向法》。该法成为塞内加尔未来二十年农业发展的综合框架，目标是在家庭农场的基础上实现农村发展的现代化以及农业现代化。该法旨在促使农业重新在塞内加尔经济增长中发挥重要作用，特别是粮食安全被视为可持续经济增长必要先决条件。《农林牧方向法》是根据多项原则进行谈判而制定的，包括经济效率、社会公平、环境可持续性、市场经济、权力下放、赋予当地社区权力、专业农业和民间社会组织、建立共同的西非经济货币联盟和西非经济共同体内部的市场伙伴关系。《农林牧方向法》明确遵守了欧盟以及世贸组织的自由主义逻辑。[1]

该法第六章专门涉及土地改革。第 22 条规定:"确定国家土地法改革是农林牧业发展和农业现代化的重要杠杆。"[2] 土地政策基于以下原则:"保护农村行为人的开发权和农村社区的土地权;规范土地的可转让性以允许土地流动,有利于创建更多可行的农场;继承可转让土地以鼓励对家庭农业的投资,可使用土地作为获得信贷的抵押品。"[3] 这意味着国家在寻求保护家庭农业,虽然仅靠这一点无法确保国家的农业发展与粮食安全,特别是农产品加工业的发展。

土地改革的目标是"保证农业开发以及乡镇土地的安全;鼓励私人农业投资;为国家和地方当局提供充足的财政资源,并为他们提供有能力的人员,以有效、公平的方式可持续地管理农业自然资源;缓解农业、农村、城市和工业发展的土地限制"[4]。这为鼓励私人农业投资提供了便利。而且,该法第 1 条解释说:"国家在农林牧业发展领域实施的政策以国家逐步退出为标志,符合将其任务重新集中于主权职能,奉行权力下放政策,改善农村地区的体

---

[1]　Abdourahmane Ndiaye, La réforme des régimes fonciers au Sénégal : condition de l'éradication de la pauvreté rurale et de la souveraineté alimentaire.

[2]　Art. 22, Loi N°2004-16 du 4 juin 2004 portant loi d'orientation agro-sylvo-pastorale.

[3]　Art. 22, Loi N°2004-16 du 4 juin 2004 portant loi d'orientation agro-sylvo-pastorale.

[4]　Art. 22, Loi N°2004-16 du 4 juin 2004 portant loi d'orientation agro-sylvo-pastorale

制和生活条件，创造有利于农村地区私人投资的环境。"[1] 第 23 条规定："自本法颁布之日起两年内，将制定新的土地政策，并向国会提交土地改革法。"[2] 尽管该法律已经通过，但是有待真正落实。这部法律只有一章为土地改革保留，但是仍然没有详细说明将采取的措施。

（三）2011 年更新土地所有权制度

2011 年 3 月 30 日颁布了关于塞内加尔土地所有权制度的第 2011-07 号法律[3]，该法律废除了 1932 年 7 月 26 日重组法属西非土地所有权制度的法令。它共计 96 条，分为 5 编，包括土地产权制度组织、土地产权制度运作、制裁、成本与费用以及最终条款。虽然名为土地所有权制度，实际上仅仅是土地登记和地契簿制度的现代版。该制度旨在通过确保持有人对其所拥有的建筑物的实际权利得到保障，并向其颁发明确的产权来管理土地所有权。这些土地受土地所有权制度管辖。这是通过在土地簿中转录（登记）和颁发产权来管理私有财产。

第一，申请登记者身份：根据该法第 4 条规定的过渡举措，现在只有国家可以要求进行土地登记[4]，不再如 1932 年 7 月 26 日法

---

[1] Art. 1, Loi Nº2004-16 du 4 juin 2004 portant loi d'orientation agro-sylvo-pastorale.

[2] Art. 23, Loi Nº2004-16 du 4 juin 2004 portant loi d'orientation agro-sylvo-pastorale.

[3] Loi Nº2011-07 du 30 mars 2011 portant régime de la Propriété foncière.

[4] Art. 3, Loi Nº2011-07 du 30 mars 2011 portant régime de la Propriété foncière.

第二章 当代塞内加尔土地制度改革

令第 4 条,"无论所有者或持有者的状态或身份如何,都有权在土地登记册中登记建筑物"。第二,登记的选择性性质:根据土地法令第 5 条规定,"登记是选择性的。特殊情况下,它是强制性的:(1)在国有土地转让或特许的情况下;(2)如果在此之前以当地习俗所接受的形式持有的不动产,在首次成为书面合同的标的物时必须符合法律原则。"① 第 64-46 号法律废除了习惯土地保有权制度以及转录制度。此外,《刑法》第 380 条民事和商业义务条款修改了这些例外的范围。该法案在保留登记选择性原则的同时,特别对构成或转让物权的协议的有效性具有强制性。第三,适用于注册不动产的法律:土地法令第 19 条规定,已注册不动产及其相关权利受现行法律和监管规定的约束。② 现行法律不单指法国法律,还包括塞内加尔法律和法规,特别是《民事和商业义务法》《家庭法》和《民事诉讼法》。第四,反对注册和请求注册:目前,对注册的反对只能涉及以拥有该土地的国家名义进行的国家土地注册。第五,不动产登记:该法案澄清了根据 1964 年 6 月 17 日关于国家领域的第 64-46 号法律的规定,只有国有土地的附属物(属于已建成或未开发土地)才可以在土地簿中登记。③ 第六,关于物权公开④:不动产在土地登记册上登记之前需要进行广泛的宣传,并

① Art. 5, Loi Nº2011-07 du 30 mars 2011 portant régime de la Propriété foncière.

② Art. 19, Loi Nº2011-07 du 30 mars 2011 portant régime de la Propriété foncière.

③ Art. 36, Loi Nº2011-07 du 30 mars 2011 portant régime de la Propriété foncière.

④ Art. 6, 42, 43, Loi Nº2011-07 du 30 mars 2011 portant régime de la Propriété foncière.

需要遵守多项细致的手续，以保护第三方的权利。此外，它还规定了未经登记的物权不存在的原则，确保了登记所获得的利益得以保存，并保证了未来交易的安全。所有影响这些物权的修改也必须在土地登记册中公布，以便对第三方强制执行。土地登记制度禁止因隐性原因取得或消灭已登记建筑物的物权。在塞内加尔，该制度主要用于城市地区授予物权，而不是专有财产。此外，乡镇委员会并不负责管理这些登记土地。

四、2013 年以来的土地改革

2012 年 3 月，马基·萨勒（Macky Sall）当选塞内加尔总统，再次尝试重启土地改革，主要包括两个举措，一个是建立国家土地改革委员会（Commission Nationale de Réforme foncière），另一个则是进行第三阶段的权力下放（l'Acte 3 de la Décentralisation）。此外，尽管土地改革仍未完成，但政府仍然希望更好地监督甚至重新集中土地管理。2020 年，政府颁布法令，要求任何超过 10 公顷的土地分配都必须由部门或地区级政府代表批准。[①] 此外，塞内加尔政府于 2021 年在世界银行的资助下启动了土地登记和安全化项目（Projet de Cadastre et de Sécurisation foncière），旨在登记现有

---

① République du Sénégal, Décret N°2020-1773 modifiant le décret N°72-1288 du 27 octobre 1972 relatif aux conditions d'affectation et de désaffectation des terres du domaine national. https://landportal.org/library/resources/d%C3%A9cret-n%C2%B0-2020-1773-modifiant-le-d%C3%A9cret-n%C2%B0-72-1288-du-27-octobre-1972-relatif-aux.

土地权，以确保有效的土地管理。[1]

（一）国家土地改革委员会

根据 2012 年 12 月 6 日第 2012-1419 号法令，萨勒成立了国家土地改革委员会（Commission Nationale de Réforme foncière），其"使命"是"开展与国家和土地占用有关的所有研究和调查""立法和监管文本的分析和修改建议""建立有吸引力的法律和体制框架，为投资者提供保障并确保安全与社会和平""针对土地管理引起的社会冲突提出可持续解决方案"以及提出"2011 年 3 月 30 日第 2011-06 号和第 2011-07 号法律的实施措施"。[2] 国家土地改革委员会采用了一种参与性、统一性和包容性的方法，其基础是向所有利益相关者开放的对话平台和反思框架，商讨制定新的土地政策。最初由来自多个专业活动部门的 75 名成员组成。然而，设立该委员会的法令未能整合以全国农民委员会为中心的农民组织。因此，与《农林牧方向法》流程不同，该方法采用了指导性改革的方法。国家土地改革委员会希望能够提供首部土地政策文件，在就文件大纲及其主要内容达成共识后，国家土地改革委员会与不同利益相关者群体和机构共同组织了研讨会，包括土地管理部门、地方民选官员、私营部门、国民议会、民间社会、技术合作

---

[1]　Ministère des Finances et du Budget, Cadre de Politique de reinstallation du PROCASEF, 2021, Dakar. http://www.finances.gouv.sn/wp-content/uploads/2021/04/PROCASEF-Cadre-de-Gestion-Environementale-et-Sociale.pdfé.

[2]　Art. 2, Décret N°2012-1419 du 6 décembre 2012 relatif à la création de la commission nationale de réforme foncière.

伙伴。国家土地改革委员会在经济、社会和环境理事会上介绍了改革和制定的文件，并得到了顾问的祝贺。2016 年 10 月 17 日组织了一次国家级研讨会。国家土地改革委员会倾向于打破塞内加尔在国家土地方面的所有制，并在此基础上进行商业化交易。但是该委员会被解散，其提交的建议也未被采纳。

（二）2013 年权力下放与土地改革

2013 年 12 月 28 日颁布第 2013-10 号关于地方当局法典的法令，又被称为权力下放第三法案（Acte 3 de la décentralisation）。①该法案废除并取代了与地方当局法典有关的第 96-06 号法律、与向地区移交权力有关的第 96-07 号法律，各市和乡镇以及 1996 年 3 月 22 日第 96-09 号法律规定了区市的行政和财务机构及其与城市的关系。该法令包括两大部分，共有五编。第一编共有七章，包括地方当局管理与公众参与、省级行政区、市镇行政区、地方行政与地方服务、控制地方当局的合法性、国家代表以及监督机构。第二编则涉及权限转移，含两编，共计三章，包括权限转移的基本原则和方式、地方当局的权限以及权力下放补偿与捐赠基金。该法令的目标在于加强"领土一致性的锚定"、澄清国家和地方政府之间的权限、促进两个层面的合作、实现地方公共管理现代化，改革地方财政并持续提高人力资源质量。

第三阶段的权力下放举措可以被概括为全面城镇化、去大

---

① Loi N°2013-10 du 28 décembre 2013 portant Code général des Collectivités locales.

区化以及省级地位提升三个方面。2013年新地方法规定在第一
阶段完成行政区划调整。在行政机构,重要变化在于废除行政
大区(Région)的设置,改将省级行政区设为实体,同时将乡
(Communauté rurale)和大城市内区(Commune d'arrondissement)
统一为市镇(Commune)。同时,强调行政区划变更应尊重既有的
行政实体管辖范围的限制。

　　根据第71条规定,市镇是地方政府,是公法下的法人实体。
它将同一地区周边的居民聚集在一起,这些由邻里或村庄组成,
通过团结原则而聚合在一起,希望维护自身利益,并且能够找到
特定行动的所需资源。街道和村庄是基本行政单位的组成部分。[①]
根据第81条规定,市政府在市政范围内行使权限,包括:土地利
用总体规划、住房开发项目、生活设施安置、住房与临时住房建
设批准;国有土地的划拨与用途更改;不动产和动产的新建、重建、
大修或任何其他投资(收购、项目、规划、报价和合同等);公共
道路与广场的分类、重新分类、开放、修整(矫直、对齐、延长、
加宽或拆去)以及公共道路与广场的建立、改善与维护;未分类的
道路;设立、废弃或扩建目的;通行权与放牧权;保护动植物群并
打击违法狩猎与砍伐者;在市内建立、划定和实施专属牲畜通道,
但国家管辖的主要交通线除外;组织所有收获的植物产品开发以及
伐木。[②]第82条规定,市议会指定其成员参加理事会、委员会的组

---

① Art. 71, Loi N°2013-10 du 28 décembre 2013 portant Code général des
Collectivités locales.

② Art. 81, Loi N°2013-10 du 28 décembre 2013 portant Code général des
Collectivités locales.

织。① 第 83 条规定，街道或村庄的代表可以组成咨询委员会。这些委员会接受市长的咨询，可就城镇或村庄感兴趣的任何问题提出建议。②

第三权力下放法案是一项纠正性改革。原来规定的制约因素在于，阻碍了大多数地方政府的经济腾飞："地方政府缺乏生存能力和发展潜力，领土规划政策薄弱受到限制、僵化的领土架构、融资机制的不足和低效以及土地开发参与者的生产力弱。"③ 权力下放第三阶段巩固了地方治理，特别是通过整体市镇化引入了更多的公平与平等，废除大区和提升省级政府的权力。这两项创新改善了中央与地方之间的关系，也使得地方官员同其所代表的民众之间的距离拉近，以及城市与农村之间的发展差距缩小。

第三阶段的权力下放也带来了一些消极影响。首先，第三法案没有考虑到乡镇地区的多样性现实就盲目追求全面市政化。而且领土行政体制的重组以及形式上的平等统一，并不意味着实际结构与形态的真正统一，更不意味着满足人民群众的需求。其次，行政区边界尤其是原乡镇边界经常是模糊不清的，加剧了邻近市镇之间的冲突。取消大区设置，强化省级单位地位，促进了邻近地区的经济发展与土地治理，但是也导致了省级政府与市级政府

---

① Art. 82, Loi N°2013-10 du 28 décembre 2013 portant Code général des Collectivités locales.

② Art. 83, Loi N°2013-10 du 28 décembre 2013 portant Code général des Collectivités locales.

③ Art. 71, Loi N°2013-10 du 28 décembre 2013 portant Code général des Collectivités locales.

之间产生权力冲突，特别是在土地管理方面。更何况尽管得到外部资金的支持，但是具体的改革举措仍然很难落地。

五、塞内加尔女性与土地制度

农村妇女在塞内加尔经济中的作用是无可争议的：她们占劳动力的近70%，并保证了80%以上的农业生产，特别是粮食作物。[1]从法律层面来看，妇女在获取土地方面拥有了同男性平等的使用权。首先，2001年《宪法》确认男女平等获得土地。第15条规定："财产权受本宪法保障。只有在法律规定的公共必要性的情况下才可能受到侵犯，并受到公平和事先的赔偿。男性和女性也有权在法律规定的条件下获得土地的占有权和所有权。"[2]《宪法》第19条保障财产管理自主权，规定已婚妇女有权对其财产进行个人管理。[3]与此同时，1964年的《国家土地法》在获得土地方面没有引入任何歧视。该法规定，所有农村居民，无论男女，都可以要求分配土地。必要条件是：（1）提出请求；（2）是农村社区的成员（个人或团体）；（3）有能力（单独或与家庭一起）开发所请求的土地。[4]在《国家土地法》框架内，具有开发能力的人是获得土地

---

[1]　Ibrahima Dia & Philippine Sutz, *Femmes et foncier au Sénégal : promouvoir une gouvernance inclusive et participative*, IIED Briefing, Février 2023, p.1.

[2]　Art. 15, Loi Nº 2001-03 du DU 22 janvier 2001 portant Constitution, modifiée.

[3]　Art. 19, Loi Nº 2001-03 du DU 22 janvier 2001 portant Constitution, modifiée.

[4]　Loi Nº 64-46 du 11 juillet 1964 relative au domaine national.

的决定性因素。

但是，从具体实践层面来看，她们并没有从公平获得土地的机会中受益。事实上，国家成文法的确立并没有改变在农村地区依然践行的习惯法。妇女，特别是农村地区的妇女，在家庭农场的土地分配过程中处于不利地位。她们是通过间接方式获取土地的，包括户主、村长和土地持有者，这些土地通常是由农村委员会减少分配的土地。而且，一般都是口头的，缺乏书面记录。因此，这是一种耕种地块的临时授权。具体而言，任何结婚并搬到丈夫家的妇女都会获得一块土地。当丈夫的家庭没有足够的土地时，他们会采取措施从土地贷款中受益，然后将其分配给新娘。如果离婚，返回娘家的妇女可以得到一块土地。妇女获得土地的机会通常取决于她们与男性的父母的关系。城市妇女更容易获得土地，甚至土地所有权。她们更加了解土地和权利的法律规定，积极参与财产继承，当感受到委屈时，会毫不犹豫地采取法律行动。根据《家庭法》的规定，城市妇女在父亲去世后继承其应得的土地：空置土地、建筑土地、开发耕种的土地等。从另一个层面来说，城市女性更有进取心。如果有必要的话，他们可以购买或租赁土地、开发园艺场地、建造房屋等。根据 2018—2019 年调查显示，塞内加尔农村妇女仅有约 15.2% 的人获得农业用地。但是，不同地区之间存在很大差异。南部地区的特点是妇女获得土地的比例较高。比例最高的地区分别是塞迪乌为 46.1%、济金绍尔（Ziguinchor）为 39.2%、凯杜古为 26.9% 和科尔达（Kolda）仅为 17%。达喀尔地区虽然主要是城市，但拥有土地的妇女比例为 22.9%。相反，蒂埃斯为 6.8%、考拉克（Kaolack）为 6.3% 和法蒂克（Fatick）为 6%。[1] 而且，考虑到年龄、婚姻等情况，获得土地的妇女主要是配偶（57.9%）；她们在 36—55 岁年龄段较多，即 50%，其中 36—45 岁和 46—55 岁年龄段分别为 27.7% 和 22.3%；她们通常已婚（82.4%）或丧偶（13.3%）；她们中的大多数人没有受过正规教育（86.3%，而没有土地的妇女则为 69.3%）。事实上，只有 0.9% 的负责土地的妇女接受过农业方面的专门培训，2.6% 的妇女接受过畜牧业方面的专门培训。[2]

塞内加尔妇女获取土地的限制主要源自两大因素。习惯土地保有制度事实上凌驾于国家成文法，习惯法一般歧视妇女，这违反了土地保有法律方面的男女平等原则。而且，绝大多数妇女缺乏维护自己权利的法律意识。即使她们知道立法，她们也不敢质疑与挑战依然在农村地区盛行的传统社会规则。几乎所有妇女都没有获得正式的土地权。这种排斥削弱了妇女投资开发其土地的能力。

---

[1] Direction de l'Analyse, de la Prévision et des Statistiques, *L'accès au foncier agricole par les jeunes et les femmes au Sénégal*, Ministère de l'Agriculture et de l'Équipement Rural, juillet 2021, p.5.

[2] Direction de l'Analyse, de la Prévision et des Statistiques, *L'accès au foncier agricole par les jeunes et les femmes au Sénégal*, Ministère de l'Agriculture et de l'Équipement Rural, juillet 2021, p.8.

第三章 当代布基纳法索土地制度改革

布基纳法索独立之际被称为"上沃尔特"（Haute Volta），1984年被桑卡拉政府改名为"布基纳法索"（Burkina Faso），意为"君子之国"。布基纳法索位于西非大陆中心，其国土形状呈现不规则菱形，面积达27万平方公里。该国土地可划分为以畜牧业为主的北部萨赫勒地区，以农业生产为主的中部高原地区、以种植作物为主的西部多雨地区以及以保护区为主的东部地区。布基纳法索人口达2151万（2020年），是西非人口大国，也是重要的劳动力输出国。布基纳法索是一个多民族国家，共有60多个部族，主要分为沃尔特族系和芒戴族系，其中沃尔特族系占总人口的70%，包括莫西族、古尔芒彻族（Gourmantché）、萨莫族（Samo）、马尔卡族（Marka）、布桑塞族（Boussanse）、塞努弗族（Senufo）和迪乌拉族（Dioula）等。[1] 该国城市人口占30.9%，农村人口占

---

[1] 对外投资合作国别（地区）指南编制办公室：《对外投资合作国别（地区）指南：布基纳法索（2021年版）》，商务部国际贸易经济合作研究院、对外投资和经济合作司、中国驻布基纳法索大使馆经济商务处，2021，第3页、第4页、第6—7页、第12—14页。

69.1%。布基纳法索是世界上最不发达的国家之一，经济结构单一，经济发展高度依赖矿产和农牧业，农业在国民经济中占有重要地位，占 GDP 的 20.4%（2020 年），主要出口花生与棉花，其中棉花是第二大出口创汇来源。全国可耕地面积约 1000 万公顷，现有耕地 327 万公顷，可灌溉土地 150 万公顷，全国 80% 的劳动力从事农牧业生产。近年来，该国金矿业发展迅速，2020 年产值超 30 亿欧元，是其第一大出口产业。所以，土地一直都是布基纳法索国家与人民的重要资源。近几十年来，由于人口增长、城市扩张的压力，可用于农林牧的土地日益减少，农业与畜牧业之间的土地争夺日趋激烈，而且由于该国地处撒哈拉沙漠边缘，由于气候变化导致降水量减少，土地沙漠化日益严重，更加剧了该国土地资源的紧张。上述因素导致该国面临较为严重的土地冲突，土地冲突又加剧了地区暴力冲突的恶化。因此，作为最为宝贵资源的土地关系到当今布基纳法索国家与人民的生存与发展，其中土地制度是土地治理的关键。因此，有必要研究该国的土地制度演变。布基纳法索自独立以来的土地制度演变可分为三个阶段，即独立初期的殖民土地制度的延续期、革命时期的土地制度国有化改革以及冷战结束以来的新土地制度改革时期。

一、独立初期的土地制度（1960—1983 年）

1960 年 8 月 5 日，布基纳法索宣告独立。自 1960 年至 1983 年，布基纳法索历经数次政变。1960 年至 1966 年，布基纳法索由莫里斯·亚梅奥果（Maurice Yaméogo）执政。1966 年 1 月，军队领导人桑古莱·拉米扎纳（Sangoulé Lamizana）上校发动政变，宣布接管政权，历经第二共和国（1970—1977）和第三共和国（1977—1980），直到 1980 年 11 月，塞耶·泽博（Saye Zerbo）上校发动军事政变，结束拉米扎纳的 14 年统治。好景不长，1982 年 11 月，让·巴蒂斯特·韦德拉奥果（Jean-Baptiste Ouédraogo）少校和托马斯·桑卡拉（Thomas Sankara）上尉为首的青年军官发动政变，推翻泽博政权。布基纳法索政权更迭如此频繁，在国家制度建设方面建树不多。独立后的布基纳法索基本继承了原宗主国的法律，延续了基本政治、经济政策与制度。在土地制度方面，布基纳法索选择了延续殖民时期的土地制度，没有任何真正的制度创新，而是选择将其法律机制国有化，旨在维护国家对土地资源的控制权。这主要是通过 1960 年第 60-77 号法律（Loi Nº77-60/AN du 12 Juillet 1960）、1963 年第 63-29 号法律（Loi 29-63/AN du 24 Juillet 1963）、1965 年法律（Loi Nº7-65/AN du 26 mai 1965）与1968 年法令（Ordonnance Nº68-47 du 20 novembre 1968）来实现，其中前两者最为重要。具体而言，1960 年 7 月 12 日关于国家私有领域的第 77-60/AN 号法律规定，独立的上沃尔特是 1960 年全国境内未登记的土地的潜在所有者。因此，它通过三种类型的特许权来管理土地的占有和转让：农村、城市和个人。[①] 实际上，这是延续了殖民时代的土地登记制度。1963 年 7 月 24 日的第 29-63/AN 号法律，要求该国政府将国家特殊开发的土地、人口稀少的土地以及远离居民居住区的大片土地作为空置无主土地，从而

---

① Loi Nº77-60/AN du 12 Juillet 1960 portant réglementation des terres du domaine privé de le Haute Volta.

将其定为国家所有，特别是偏远农村地区的土地为国家享有所有权。[①] 这是对 1904 年 10 月 23 日关于法属西印度群岛的国有公共土地和私产土地制度法令的一种修订或重新表述，也就是将殖民时代的部分法律条款国有化。土地只能由国家"通过友好转让或为了公共利益征用"，然后进行公开的调查，以解释抵押土地的习惯权利。此外，在行政区划方面，布基纳法索独立之初，大区被分为省和区，下辖县村设置不变。不过，1962 年，布基纳法索禁止已故的县长和村长的职位世袭权，然后在 1965 年废除了他们的优惠待遇与特权，这强化了国家对其地方行政单位的控制权。1974 年，布基纳法索对其领土的行政归属划分进行了修改，新增省（le département）和市（la commune）作为新的行政单位，并各自设置省委员会（le conseil départemental）和市委员会（le conseil municipal），原来的县被废除。自此，乡镇成为一个独立的行政实体，乡长由所管辖地区的村民投票选出，然后由内政部部长下达任命法令。

　　独立后布基纳法索面对很多方面的挑战，殖民时期所建立的二元化土地制度并没有发生根本性改变。从立法进程来看，布基纳法索土地改革的过程仍然由中央政府单方面决定，普通民众与地方政府对法律与政策制定的影响力十分有限。实际上只是一种殖民政策的微调，没有偏离殖民土地政策的私有化土地的大方向，而且从立法目标来看，布基纳法索的土地立法仍然同源自西方的

---

　　① 　Loi 29-63/AN du 24 Juillet 1963 autorisant le gouvernement à réserver pour l'Etat une part des terres faisant l'objet d'aménagements spéciaux ou des terres peu peuplées ou éloignées des agglomérations.

殖民土地法大体一致，继续沿着殖民土地政策的大方向进行，没有给予当地规范空间与资源使用方面的内生性权力应有的自由。所以，独立初期的土地立法更多是对殖民时期所遗留下来的土地政策与法规的一种微调，而且行政管理模式以及国家与其治下的民众的关系也没有根本性突破。正如有的学者所指出的："尽管有变化，非洲各国政府的土地政策仍然停留在殖民主义政策上，由于政治而不是理论的原因，在两个原则之间摇摆不定：一方面，在事实上维护习俗特权，以免冒着被地方领导人和精英疏远的风险，或者因为仓促引入私有财产制而引发社会动荡；另一方面，国家对未登记的传统土地拥有征用权，对空置和无主土地享有专有权，以及为了人民和发展的利益在土地开垦方面扮演主导角色。"[1] 从政治经济学角度来看，独立之初，农业是布基纳法索最主要的经济门类，土地是布基纳法索最主要的自然资源。为了经济发展，布基纳法索倾向于加强国家对土地管理的控制权，推行以增加产量持续提升的发展战略。但是这种控制能力仍然是有限的，普通民众长期依据习惯法进行土地管理，拥有很大的自主权。这种相对较弱的控制还得到了当时环境的有力支持，比如有利的气候条件、丰富的自然资源、较小的人口压力等，这导致土地问题并不突出。[2]

---

[1]　Philippe Lavigne Delville et Aurore Mansion, *La formalisation des droits sur la terre dans les pays du Sud : dépasser les controverses et alimenter les stratégies,* Comité technique « Foncier & développement » , Paris, MAEDI, AFD, Mars 2015, p. 25.

[2]　Moussa Ouédraogo, *Le foncier dans les politiques de développement au Burkina Faso : Enjeux et stratégies* , Dossier N° 112, Ouagadougou.

不过这种有利情况仅仅持续到20世纪70年代中期。自20世纪70年代后，上述条件趋于恶化，导致土地问题日益在国家发展战略中的地位不断提升，促使政府日益采取土地干预主义政策。

二、桑卡拉革命时期土地制度改革（1984—1989年）

进入20世纪80年代，布基纳法索进入一个社会政治高度不稳定的时期，1983年革命政权着手推动布基纳法索的深刻社会转型。军政府废除第三共和国宪法，解散议会，禁止一切政党活动，酋长的传统特权也被剥夺。根据桑卡拉的《施政纲领》，对内进行人民民主革命，革命的敌人是帝国主义、资产阶级和封建主义；革命的动力为工人、农民、小资产阶级和无产者；革命的目的是还政于民，建立真正独立、自由、民主的新国家。[①] 在经济方面，实施计划经济，1984年先后制定了《人民发展计划》和《五年发展计划》，进行土地改革，提倡国营、合营、私营三种企业并存。[②] 1984年，桑卡拉革命政权制定了一个相对原创的法令。该法令反映了革命政府的政治愿景，也包括了革命政府管理土地和资源权利方面的行动路线。

（一）桑卡拉革命政府的土地法令

1984年通过的有关农村土地重组的法令标志着布基纳法索与

---

① 沐涛、杜英:《列国志·布基纳法索、多哥》，北京:社会科学文献出版社，2011，第47页。

② 沐涛、杜英:《列国志·布基纳法索、多哥》，北京:社会科学文献出版社，2011，第48页。

之前实施的土地政策的真正决裂。1983 年 8 月 4 日，全国革命委员会（Conseil national révolutionnair）宣布进行人民民主革命。农村土地重组法成为托马斯·桑卡拉革命政权彻底变革布基纳法索社会的重大改革举措之一，也成为其任期内最重要和最具革命性的举措之一。1983 年上台的桑卡拉发起了一系列旨在深刻改变布基纳法索社会的改革，土地问题是其革命计划的核心。

桑卡拉革命政府于 1984 年 8 月 4 日通过了关于《农业和土地重组法》的第 84-050/CNR/PRES 号法令、1985 年 2 月 29 日关于鼓励农业现代化的第 85-001/CNR/PRES 号法令、1985 年 8 月 4 日关于农业与土地重组实施方式的第 85-404/CNR/PRES 号法令以及 1986 年 3 月 15 日关于保障社会公平正义的第 86-005/CNR/PRES 号法令。其中，1984 年第 84-050/CNR/PRES 号法令是最为重要的文本，是桑卡拉土地改革的总纲。具体而言，桑卡拉土地制度改革的主要目标包括以下几个方面：统一不同且相互矛盾的土地保有制度、简化获取土地的程序、以使用权确保土地所有权、提供农牧业部门的生产力保障国家粮食安全以及防治自然资源的退化。该法令最为显著的特点在于拒绝传统性土地权利，或者对"封建势力"的传统地方权力的否定，肯定了国家的征用权，将国家意志神圣化，从而实现布基纳法索土地法律的现代化。该法令的主要目标在于结束土地分配的不平等、增加农业生产以及赋予农民权利。

（二）《农业与土地重组法》的规范性框架

1. 宣布土地国有化，建立起国有土地制度（Domaine foncier

d'Etat)，结束布基纳法索传统精英的土地特权。1984年土地法第1条规定，布基纳法索的所有土地均为国家所有财产。[①] 根据第2条规定，除了原本属于国家与地方机构的国家公产与私产之外，经登记的地契土地、习惯法下的土地等也都被宣布为国有土地。[②] 而且第3条规定，国有土地的完全所有权专属于国家。[③] 第4条规定，"以前颁发给个体（包括自然人或法人）的地契被取消，并由享有权取代"[④]。这意味着这项举措废除了私人以及传统土地所有权，将土地的控制和管理权全部移交给国家。根据第5条规定，这些国有土地是不可剥夺的、不受时效限制且不能被抵押。[⑤] 因此，1984年土地法没有为私人土地所有权留下任何空间，私人土地所有制基本被废除。但是，第85-404/CNR/PRES号法令第89条也规定，分配给个人或团体所有的农业土地，除了定期授权的交易外，不能进行任何交易。但是，该分配是无限期的，并赋予持有者对其所持土地的使用权。[⑥] 同时，公开性不是国家所有财产的必要条件，

[①]　Art. 1, Zatu (Ordonnance) N°84-050/CNR/PRES du 4 août 1984 portant réorganisation agraire et foncière au Burkina Faso.

[②]　Art. 2, Zatu (Ordonnance) N°84-050/CNR/PRES du 4 août 1984 portant réorganisation agraire et foncière au Burkina Faso.

[③]　Art. 3, Zatu (Ordonnance) N°84-050/CNR/PRES du 4 août 1984 portant réorganisation agraire et foncière au Burkina Faso.

[④]　Art. 4, Zatu (Ordonnance) N°84-050/CNR/PRES du 4 août 1984 portant réorganisation agraire et foncière au Burkina Faso.

[⑤]　Art. 5, Zatu (Ordonnance) N°84-050/CNR/PRES du 4 août 1984 portant réorganisation agraire et foncière au Burkina Faso.

[⑥]　Art. 89, Décret N° 85-404/CNR/PRES portant application de la réorganisation agraire et foncière au Burkina Faso.

国家的指令公布才是。此外，该法令将国有土地划分为国有农村土地和城市土地两种。

2. 依据社会正义与农业效率为原则进行土地再分配。首先，注重效率，即强调生产。桑卡拉革命政权追求的经济增长不是依附性增长，而是通过实现农业现代化，确保粮食安全，最终实现自身独立自主的经济发展。根据农民的需求，特别是家庭的需要，有效且可持续利用土地的能力以及对村庄农业发展目标的承诺这三个方面作为土地分配的标准。1984年法律第88条规定，无论是否组成协会或合作社，应根据村民的开发能力进行土地分配。[①] 同时，第90条规定，村分配委员会可以根据利害关系人的请求决定收回农村土地，或者在正式通知无效一年后自动决定收回农村土地：开发不足或维护不善，拒绝植树、建造防侵蚀场地或采用规定的耕作技术。如果有关人员不再亲自经营，特别是如果其不再居住在村庄。[②] 而且，第93条规定，如果农业用地受益人死亡，其继承人可以从分配委员会获得在其开发能力范围内分配给其所有者的全部或部分土地的分配权，但条件是它不会导致土地面积太小而无法进行有利可图的开发。继承人必须在农业用地受益人死亡后六个月内通知村代表继续开发相关土地的意愿。[③] 它还鼓励

---

① Art. 88, Décret N° 85-404/CNR/PRES portant application de la réorganisation agraire et foncière au Burkina Faso.

② Art. 90, Décret N° 85-404/CNR/PRES portant application de la réorganisation agraire et foncière au Burkina Faso.

③ Art. 93, Décret N° 85-404/CNR/PRES portant application de la réorganisation agraire et foncière au Burkina Faso.

创建农业合作社以更有效地利用土地。这些法令要求在 1985 年第 85-001 号法令中的第 1 条、第 2 条、第 3 条、第 4 条、第 5 条得到保障，同时强调只有使用权和长期租赁权才可以进行抵押。此外，强调确保所有公民能够公平获得土地，不分性别、社会地位和民族。桑卡拉革命政权尤为强调注重性别平等，确保妇女平等获得土地所有权。

（三）体制性框架：乡村土地管理委员会

革命政府设立土地管理机构来重新分配土地。第 86-004/CNR/PRES 号法令是落实桑卡拉发起的激进土地改革的一部分，确保在布基纳法索最基础的层面实现对资源的管理。其主要目标是建立地方机构来管理国有土地，确保根据社会正义和农业效率原则进行公平的再分配。根据第 86 条规定，在村落、城市、省会以及省设立分配、评估与纠纷处理委员会（Commissions d'attribution, de règlement des litiges et d'évaluation）。[①] 通常这三项职能委员会在一起，所以也可称之为农村土地管理委员会（Commission Villageoise de gestion des terres）。该委员会主要负责处理农村土地的分配与回收、土地开发情况评估以及土地冲突等。根据第 87 条规定，农村土地管理委员会是由革命委员会成员组成的，总代表负责保存土地文件。该委员会可以根据申请者的要求或通知土地占有者一年

---

① Art. 86, Zatu (Ordonnance) Nº84-050/CNR/PRES du 4 août 1984 portant réorganisation agraire et foncière au Burkina Faso.

后仍无开发的情况，可以决定回收农村土地。[1] 在国家层面，则是由桑卡拉担任主席。农村土地委员会根据个人和家庭平等的原则来进行土地分配。这些委员会负责国有土地的日常管理及其向农民的重新分配。此外，自然人或法人不得对争端解决委员会的决定提出行政上诉。[2]

（四）1984 年土地制度改革的结果

桑卡拉的土地制度改革结果好坏参半。首先，1984 年土地法凭借革命政权强大的力量，打破了当时土地立法方面的殖民遗产的束缚，将布基纳法索全国土地资源整合到一个国家土地资产中，使其成为"国家所有的财产"[3]。这个成果成为后来布基纳法索历次土地制度改革的基础。其次，该法律允许农民更为便利地获取土地，有利于促进农业经济的发展，对改善布基纳法索自 20 世纪 70 年代以后日益严峻的粮食安全问题有着一定的积极作用。但是，1984 年土地法要求废除所有习惯土地权利和当时存在的土地产权，这损害了诸多行为体的利益，继而遭遇了很多阻力，既有来自传统精英的阻力，也有来自农民本身的阻力。这些人不愿意放弃原

---

① Art. 87, Zatu (Ordonnance) N°84-050/CNR/PRES du 4 août 1984 portant réorganisation agraire et foncière au Burkina Faso.

② Art. 104, Zatu (Ordonnance) N°84-050/CNR/PRES du 4 août 1984 portant réorganisation agraire et foncière au Burkina Faso.

③ Paul-Marie Moyenga, Ezaï Nana, « Droit et coutumes dans la gouvernance foncière au Burkina Faso : la difficulté d'un attelage », *Revue Internationale Dônni*, Vol.3, N° 2, Décembre 2023, p.97.

有的传统习惯权利。1987 年托马斯·桑卡拉被暗杀后，他的一些改革逐渐被废除或修改，但是革命政府对土地问题的大胆改革举措在非洲土地改革进程中留下了持久的遗产。所以，桑卡拉政府的土地改革仍然是以进步为主的。

三、20 世纪 90 年代的土地制度改革

1987 年桑卡拉被刺杀后，布莱斯·孔波雷当选布基纳法索总统。在冷战结束后，孔波雷推行各种改革，逐步修改 1984 年国家土地法，重新引入个人私人财产制度，但保持国家是国家土地所有者这一制度。这些改革是布基纳法索内外因素相互作用的产物。这些土地改革是在冷战结束和新自由主义在全球扩张的背景下进行的，因此，它们深受国际机构的影响，是世界银行和国际货币基金组织推动的结构性调整计划的一部分，旨在实现经济市场化和减少国家的作用。这体现在一系列土地改革法令以及行政改革法令上。调整的主要方向在于推动所谓的私有化，并促进私营部门的发展。

（一）1991 年土地法改革

1991 年 6 月 2 日，布基纳法索全民投票通过独立后第四部宪法。该宪法规定了私有财产制。1991 年 6 月 4 日，孔波雷政权颁布了关于新的《农村土地重组法》的第 AN Ⅷ-039 BIS/FP/PRES 号法令以及实施该法的第 KITI No AN Ⅷ-0328 TER/FP/PLAN-COOP 号法令。

第一，土地管理规范。首先，1991 年土地法仍保留了"国有

土地"概念，即布基纳法索土地是国家所有财产。其次，1991 年土地法重新肯定了地契制度（Titre Foncier），以同新宪法保持一致。① 这意味着个人土地产权得到承认，但是国家依然可以因为公用事业加以征用。1991 年土地法第 3 条规定，取消国有土地的不可剥夺性，规定国有土地可以在符合条件的情况下作为私人财产转让给自然人或法人。② 这样一来，转让的土地便不再是国家财产。

第二，土地管理制度。政府仍然保留了土地管理结构中的政治因素。在土地司法方面，则废除了土地争端解决委员会，允许法院发挥作用，结束行政部门对法院管辖权的过度干涉。在土地管理方面，则设立土地恢复委员会，同时保留了革命政权设置的农村土地管理委员会，并赋予其很大管理权限，负责分配、评估和收回土地。但是，被没收的地契并没有恢复，且裸地也不被法律允许出售。由于取消了政治机构代表的职位，土地管理机构的组成变得更加复杂，甚至冗余。

（二）1996 年土地法改革

1996 年 5 月 23 日，孔波雷政权颁布第 014/96/ADP 号法律（Loi N°014-96/ADP du 23 mai 1996 portant RAF au Burkina Faso），1997 年 2 月 6 日颁布了关于新土地法的实施条件和方式的第 97-054/PRES/PM/MEF 号法令。1996 年土地法的修订是为了弥补前

---

① Art.1, Zatu N° AN Ⅷ-0039 BIS/FP/PRES portant réorganisation agraire et foncière au Burkina Faso.

② Art. 3, Zatu N° AN Ⅷ-0039 BIS/FP/PRES portant réorganisation agraire et foncière au Burkina Faso.

两个版本土地法的不足而制定的土地法。这次修订对1991年版本进行了重大修改，但是仍保留了其总体框架。这是一次温和的修改，重点是恢复被1984年土地法取消的传统土地所有权。

相比1991年土地法，1996年土地法继续保持个人私有土地制度，恢复之前被废除的个人地契，并对失去土地的个人给予补偿（第245条）[①]；继续维护国家出于公共利益目的的征用权，增加了出售无主土地的可能性；恢复被解除的个人土地权。在机构调整方面，消除土地管理结构中的政治因素，通过管理结构中政治机构代表的职位，对土地管理机构的组成进行调整。自此，布基纳法索的土地所有权要么是国家所有，要么是个人所有（即地契形式）。1996年土地法承认农村地区土地使用权和用益权，并允许其被其他行为体持有。根据1996年土地法的土地占用规则，土地占用须遵守以下两个原则。第一，规定通过行政占用权来占用土地，可分为两类：临时产权——占用许可证（Permis d'occuper）和租赁；永久或长期产权——经营许可证、城市居住许可证（Permis Urbain d'Habiter）、交付法令（Arrêté de mise à disposition）和划拨法令（Arrêté d'affectation）。第二，例外原则。为了满足居住人及其家人的住房与食物需要而占用和开发农村荒地不必然需要持有行政许可。在上述条件下，土地的占用和开发是免费的，无须缴纳税款或特权使用费。但是，1996年土地法并没有完全符合农村民众的期待，存在很多不足。比如，由于不承认赋予农民农村土地的

---

① Art. 245, Loi Nº014-96/ADP du 23 mai 1996 portant réorganisation agraire et foncière au Burkina Faso.

所有权，导致其使用权不稳定的情况。在平等方面存在很多缺陷，未能考虑到性别和弱势群体的利益。再者，农村地区的管理问题仍然存在很多不足，也没有考虑生物多样性保护的问题。

布基纳法索在 20 世纪 90 年代初开始进行权力下放改革，这同样包括国家土地政策。土地管理权限主要下放至乡镇级别，这主要得益于 1996 年土地法规定转让国有土地至地方政府。1993 年，布基纳法索新建 30 个省和 33 个城镇作为地方行政机构，这标志着布基纳法索行政区划改革的开始。1996 年土地法修订是在布基纳法索推行权力下放第二阶段进行的。1997 年 1 月 27 日的第 002/97/ADP 号法律对 1991 年 6 月 2 日的《第四共和国宪法》第 143 条至第 145 条进行了修订，"将建立地方当局和确定其地位的特权保留给立法权"[1]。1998 年，布基纳法索确定了权力下放的重要性和法律制度。特别是确定了下放的方向：国家领土的组织和管理，地方当局的组织和运作，以及权力下放的计划和实施。[2]

四、21 世纪初的土地制度改革

（一）权力下放改革

2003 年，当时大区（La Région）仍是一个行政区（La Circonscription administrative），可能未来将会升格为地方行政

---

① Michel Mottet, *Le droit de la décentralisation au Burkina Faso. Manuel pratique de droit des collectivités territoriales*, Paris, l'Harmattan, 2011, p. 56.

② Loi N°040/98/AN du 3 août 1998 portant orientation de la décentralisation au Burkina Faso, modifiée par la loi N°048-2003/AN du 6 août 2003.

单位或地方当局（La Collectivité territoriale）。"它还不是一个地方当局，而只是一个行政区，其所涵盖的区域是与地方当局相同的管辖范围。"[1] 因此，2003 年通过了一项新的布基纳法索行政区修正法（Loi N°049-2003/AN du 6 août 2003 portant organisation de l'administration du territoire au Burkina Faso），赋予大区地方当局的地位，同时仍将行政区保留在同一领土管辖权内，尽管存在管辖权冲突的风险。将大区建成地方当局，标志着布基纳法索权力下放的第三个阶段开始。同时，"省（La province）不再是地方当局，而完全是行政区"[2]。

2004 年 12 月 21 日，布基纳法索颁布了关于地方政府总法典的第 055-2004 号法律（Loi N°055-2004/AN portant Code général des collectivités territoriales au Burkina Faso）。该法第 8 条规定，地方行政机构包括大区和镇（La Commune）两个。而且，同一条款将地方行政单位定义为"具有法人资格和财政自主权的领土分支机构，它是组织和协调发展的实体"[3]。镇被分为城镇（La Commune urbaine）和乡镇（La Commune rurale）两个。城镇由区（secteurs）和特定的村组成，至少 25000 名居民。乡镇则是邻近村落的集合体，至少 5000 名居民。后来，布基纳法索寻求将所有的乡镇全面

---

① Michel Mottet, *Le droit de la décentralisation au Burkina Faso. Manuel pratique de droit des collectivités territoriales*, op. cit., p. 47.

② Michel Mottet, *Le droit de la décentralisation au Burkina Faso. Manuel pratique de droit des collectivités territoriales*, op. cit., p. 47.

③ Art 8, Loi N°055-2004/AN portant Code général des collectivités territoriales au Burkina Faso.

市镇化（communilisation）。

2006 年权力下放的第四个阶段涉及布基纳法索领土的"整体市镇化"[①]。事实上，直到 2006 年，布基纳法索的领土还没有完全划分为市镇。2006 年 4 月 6 日的市政选举之后，布基纳法索的"整体市镇化"才完成。同年，布基纳法索也举行了第一次大区选举。地方当局都有选举产生的议会，包括 13 个地区、40 个城镇当局和 302 个乡镇当局。此外，还有三个级别的行政区（La Circonscriptions administrative），即区、省、县。至于管辖权，市镇管辖权同县的管辖权相同、大区 / 地方当局的管辖权同区 / 行政区的管辖权相同，但享有特殊地位的瓦加杜古市例外，它与中部大区和卡迪奥戈省享有共同管辖权。

2018 年 3 月 7 日，布基纳法索通过了新的权力下放规划，基于 2040 年的前瞻性愿景制定。这说明布基纳法索致力于巩固权力下放，并确保其可持续性与弹性，以促进基层发展和地方治理。第一份参考文件，"国家权力下放政策"（La Politique nationale de la décentralisation）致力于减贫。第二份参考文件，"国家权力下放战略"（La Stratégie décennale de la décentralisation）是前者的实施计划，概述国家所有实施战略，包括第一个五年行动计划（Plan d'actions quinquennal）。这些文件是在国家发展的基础上，由地方政府同财政部共同制定的。这些新举措包括一项重大创新：在地方当局理事会主席的选举中采用直接普选制，以防止在任命市镇

---

① Michel Mottet, *Le droit de la décentralisation au Burkina Faso. Manuel pratique de droit des collectivités territoriales*, op. cit., p. 53.

和地区行政官员时出现冲突。2023 年 3 月 25 日颁布关于设立发展与监督委员会的第 2023-003 号法律（Loi Nº003-2023/ALT portant institution de Comités de veille et de développement）。第 1 条规定，要求在国家境内每个村（village）和城内区（secteur）设立发展与监督委员会。[1] 该机构是公众的、非政治的和特殊的，旨在提升对公民行动的组织，坚持本地原则、自愿原则，其职责包括辅助土地冲突解决和土地开发管理等。[2]

（二）2007 年《国家农村土地保障政策》

经过自 2005 年至 2007 年全国范围的协商，民间社会组织、传统精英、地方民选代表、研究人员、国家与私营部门的代表，通过对土地保有权状况深入分析，2007 年 10 月 4 日，布基纳法索通过了《国家农村地区土地保障政策》（*Politique nationale de sécurisation Foncière en milieu rural*）。该政策涵盖了所有程序、行动与举措，旨在通过保障农村土地的使用者和占有者的权利来免受任何挑战或干扰，使他们能够有效地开展农业生产。这项新政策是起草 2009 年新农村土地法的基础。

首先，该政策的指导方针包括以下几个方面：土地使用权保障概念，强调现代权利与习惯权利的融合；注重分权管理，土地使用权保障与权力下放；强调因地制宜，考虑到当地的实际情况；注重

---

① Art.1, Loi Nº003-2023/ALT portant institution de Comités de veille et de développement.

② Art. 1, 2, 3, 5, Loi Nº003-2023/ALT portant institution de Comités de veille et de développement.

性别平等，关注当前进程中妇女获取土地保障问题。这项新政策的指导方针成为制定新农村土地法的基础。

其次，该政策的主要目标是确保所有农村利益攸关方公平获得土地，保障他们的投资，有效管理土地纠纷，以帮助减少贫困，巩固社会稳定，实现可持续发展。为此，该政策确立了六个具体目标。第一，指导方针。承认并保护所有农村利益相关者对土地和自然资源的合法权利。这意味着承认农村生产者、国家、地方当局和个人的土地权利，以及乡镇和跨乡镇机构对其土地上共同资源的地方控制权。第二，促进和支持合法基层机构的发展，并通过以下几个方面来实现：加强地方机构对土地管理的参与；让民间力量参与地方土地管理；明确农村土地管理的地方规则；推广新的方法，支持和协助建立合法的村级和跨村机构。第三，明确地方一级的冲突管理体制架构，提高地方机构解决冲突的效率。为此，该政策承认村庄和跨村机构在替代性冲突解决中的能力。第四，改善农村土地管理。措施包括：明确和界定土地保有权类型；划定国有土地范围的土地，以参与方式制订地方发展计划和方案；采取具体措施改善发达地方的管理；改善自然资源保护区的管理；实施以下与农村地区有关的具体举措：明确农村地区的地位，对其进行登记，为其分配使用权，与利益攸关方一起开展开发行动等。第五，建立协调一致的农村土地管理体制框架。农村土地管理体制框架将通过建立土地管理机构来管理农村土地，包括基层、中层和中央三个级别。第六，提高国家部门、地方当局和民间力量在土地事务方面的能力。提高国家部门、地方政府和民间力量提供的技术服务效率，促进和加强对土地使用权保障的检测与评估。

最后，支持土地使用权的三大关键举措。第一，支持起草新的土地立法和实施文本，澄清对土地权利和使用权的传统要求，并使其合法化。第二，通过培训和投资改进信息管理系统，支持国家和地方机构实施新的土地法。这主要包括：将农村土地服务下放到省一级，将土地管理部分下放到乡镇级；通过司法与非司法渠道加强对土地冲突的调解能力；建立地理信息基础设施，以更好地规划土地使用并记录正式和习惯权利。第三，支持一系列活动，旨在确保最多四十七个城市和八个农业区灌溉和放牧的土地产权，在必要时将其正规化，并改善土地和资源管理，以及将在千年挑战账户—布基纳法索合作框架内开发用于灌溉农业生产的新区域。

但是，该保障政策仍然存在不少难以克服的弱点，比如有关部门之间的行动协调和统一不够，对国家保障农村地区土地政策的宣传和认识提高不够，当地居民继续抵制现代土地管理规则。

（三）2009 年农村土地法

布基纳法索国民议会于 2009 年 6 月 16 日通过了关于布基纳法索农村土地保有权的第 034-2009/AN 号法律，是 2007 年土地政策的法律化表现，旨在规范和保障农村地区的土地权利。该法是 20 世纪 90 年代以来一系列土地改革的延续，旨在改善土地管理、减少土地冲突并鼓励农村地区的农业生产与可持续发展。

首先，土地规范方面调整。根据 2009 年农村土地法规定，布基纳法索农村地区存在三种类型的土地：国家所有的农村土地；地方当局所有的农村土地；个人所有的农村土地。事实上，它承认了农村民众持有他们长期使用的土地的合法权利。正是通过"占有"

这一概念，它被定义为"根据当地土地占有习惯和习俗对农村土地合法行使的事实上的权利"[1]，布基纳法索的立法者将当地居民对其土地的内生权利载入法律，而农村土地占有证明（Attestation de possession foncière rurale）则是登记上述占有的所有权证明。因此，农村土地法比国家土地法更为贴近布基纳法索的农村现实情况。

其次，土地管理理念调整。布基纳法索的土地管理遵循国家农村土地安全政策中包含的以下主要原则：考虑到性别、弱势群体，特别是最贫困群体的需求和关切；考虑到可持续管理自然资源和保护子孙后代权利的要求；尊重正义、公平并追求社会和平；中央和地方各级对土地事务的良好治理；辅助性：农村土地管理的权力下放，伴随着基层社区的问责和参与；差异化：考虑到当地土地情况的可变性和制订土地安全解决方案过程中出现的问题以及公共当局提供的土地安全方式的多样化。[2]

第三，土地管理架构调整。土地管理根据布基纳法索的行政区划级别进行。在中央，设置国家农村土地局（Agence nationale des terres rurales），2010年7月29日得以设立。该机构享有非常广泛的权力，限制了传统精英的影响力，负责对所有级别的土地进行管理，同时致力于促进地方的农村土地可持续管理。在地方上，设立乡镇级的农村土地服务处（Service foncier rural），负责管

---

[1] Article 6, alinéa 5 de la loi N°034-2009/AN du 16 juin 2009 portant régime foncier rural.

[2] *Politique nationale de sécurisation foncière en milieu rural*, Ministère de l'Agriculture, de l'Hydraulique et des Ressources Halieutiques, Burkina Faso, 2015, p.21.

理保障乡镇土地以及个人土地所有权，定期维护农村土地登记册，特别是农村土地交易登记册，具体由乡镇镇长负责。在村一级，则设置村土地委员会（Commission foncière villageoise）以及村土地和解委员会（Commission de conciliation foncière villageoise）。村土地委员会促进农村土地服务处的任务实施，从总体上防止农村土地冲突，而后者直接负责处理土地冲突。村级机构中普遍包括传统习俗代表，这意味着传统土地管理者被降至次要地位，仅在村级才具有突出作用。

第四，农村土地规划项目（Le Projet foncier rural）实施。农村土地规划项目总体目标是在干预地区实施可持续的土地安全保障行动，促进农村土地的现代化管理。具体目标包括摸清干预区的土地状况、实现农村土地数据库现代化、获得社会认可并验证已确定土地占用情况、开展合作共同完成所布置的任务。具体成果则包括超过 50 个村人口普查、46 个村土地调查、40 个村土地登记、解决 5 起集体冲突等。

2009 年农村土地法也存在着不足。首先，农民难以获得正式的土地所有权，即地契。其次，缺乏对土地权利的具体明确规定，这是导致地方性冲突，甚至是暴力冲突不断的原因。最后，滥用土地资源难以遏制，从而导致土地退化，这需要将可持续发展理念融入其中。

（四）2012 年《国家土地法》

布基纳法索国民议会于 2012 年 7 月 2 日通过了关于国家土地重组的第 2012-034 号法律（Loi Nº034-2012/AN du 02 juillet 2012

portant réorganisation agraire et foncière au Burkina Faso），并于 2012 年 9 月 6 日通过了第 2012-716 号执行法令（Décret N°012-716/ PRES Promulguant la loi N°034-2012/AN du 02 juillet 2012 portant Réorganisation Agraire et Foncière）。该法保留了之前法律所涵盖的关键方面，比如 1996 年土地法关于领土规划、国有土地管理以及不动产权利的监管。它也同 2009 年农村土地法及其各部门法律保持了一致。

首先，重新界定全民所有土地（Le Domaine foncier national）的内涵。根据 2012 年土地法第 5 条规定，全民或国家所有土地被重新界定："全民所有土地是全民共同所有的土地，其中国家作为普遍利益的保障，组织并管理……"① 现在布基纳法索的全民所有土地由三部分组成：国家持有的土地、地方政府持有的土地以及个人持有的土地遗产（Patrimoine foncier des particuliers）。同时，全民所有土地分为城市土地和农村土地。具体而言，城市土地是指位于城镇和地方的行政范围或总体开发和城市规划范围内的土地，主要用于住房、商业、工业、手工业、公共服务以及一般与城市生活相关的活动；城市开发用地是指城镇规划和建设规范规定的用于城镇规划的土地；未开发城市土地是指位于行政范围内或城市规划方案范围内，与已开发土地紧邻且尚未纳入城市规划的土地。农村土地是指位于乡镇和城镇附属村庄行政范围内的所有用于农

---

① Art.5, Loi N° 034-2012/AN du 02 juillet 2012 portant réorganisation agraire et foncière au Burkina Faso.

业、牧业、林业、渔业养殖和野生动物保护活动的土地。[①] 除属于城市的村庄的土地外，这些土地的占用期限由城镇规划和建设法规确定。

其次，确保土地相关者权利的一致性。第一，国有土地。国有土地包括国有公产土地和国有私产土地。国有公产土地指根据其性质或目的，被规划用于提供公共服务或不得直接供公众使用的不动产，原则上，是不可转让、不受时效限制且免于扣押的，受国有公共法管辖。国家持有的公共不动产包括自然公产和人工公产两部分。国家持有的私产是指不属于国家公产的所有国家不动产。它可分为划拨国家私产土地和非划拨国家私产土地。划拨国家私产土地是供公共服务机构履行其使命而占用的所有土地及其建筑物，但不包括混合经济体制的公司。非划拨国家私产土地是由未分配给公共机构的不动产组成。

第二，地方政府土地。主要包括地方政府公产土地与私产土地。地方政府公产土地是地方政府行政管辖范围内的政府不动产。这些不动产，根据其性质或目的来决定是否用于公共用途。原则上，它们是不可剥夺、不受时效限制和免于扣押的。公共不动产包括自然和人工两部分。地方私产土地指地方政府享有所有权的不动产。包括划拨和非划拨两部分。划拨的地方私产土地是这些地方政府享有所有权的土地及其建筑物，被地方或国家机构用于执行任务。地方政府未划拨私产土地由尚未划拨给地方或国家机

---

① Art.8, Loi Nº 034-2012/AN du 02 juillet 2012 portant réorganisation agraire et foncière au Burkina Faso.

构的土地及其建筑物组成。

第三，个人土地遗产。个人上地遗产包括个人完全享有所有权的土地及其建筑物；未划拨国家与地方政府私产土地以及个人财产的用益权、农村土地占有权、农村土地使用权。

但是，2012 年法律仍然存在不一致和不精确之处，而且国家、大区、市、乡村等层次的土地机构无法有效发挥作用或功能失调，存在土地租契经常无效等问题。

第四章　当代马达加斯加土地制度改革

马达加斯加位于非洲大陆以东、印度洋西部，包括世界第四大岛马达加斯加岛及周边岛屿。马达加斯加生态资源丰富且完整，拥有石墨、黄金、石油、镍、钴、钛铁等重要矿产资源，其中石墨储量居非洲首位。该国东部属于热带雨林气候，中部高原属于热带高原气候，西部属于热带草原气候，南部属于半干旱气候。2022 年，全国总人口约为 2961 万，人口密度为每平方公里 42.8 人。行政上，设 6 个省（Province）、23 个大区（Région）、76 个城镇（Commune urbaine）、1695 个乡镇（commune rural）和 1.8 万个社区 / 村（fokontany）。根据现行宪法，马达加斯加地方分权（自治）体系涵盖省、大区、乡镇三级。马达加斯加共有 18 个民族，主要包括伊麦利那族（占总人口的 26%）、贝希米扎拉卡族（占总人口的 14%）等。马达加斯加是世界上最不发达的国家之一，它是一个农业国，农业是国家经济的主要引擎，80% 以上的人口生活在农村地区。2022 年 GDP 中农业增加值占比为 22.40%。[①] 土地在该国占有非常重要的地位，在普通民众维持生计方面发挥着主要作用。土地问题是阻碍马达加斯加发展的主要制度性障碍之一，土地安全成为该国经济发展的基石。当代社会经济发展要求非洲国家改革自殖民时代继承的土地制度。马达加斯加自 21 世纪初开始改革土地法，2005 年土地法是马达加斯加土地制度的重大变革，受到诸多好评，部分措施得到较好的落实。但是，2021 年新土地法修正案则引发了诸多批评。本章将对马达加斯加的土地制度历史沿革进行一定的梳理，在此基础上重点分析 2005 年土地法改革以及 2021 年土地法修正案的内容，分析利弊。

一、独立之前的马达加斯加土地制度

马达加斯加现有的土地制度是实施了数个世纪的习惯土地制度与 19 世纪末所形成的殖民土地制度相碰撞后共存的结果。马达加斯加不同于其他非洲国家，受法国殖民侵略影响，在 19 世纪 80 年代曾编纂一部本国的成文法，包含土地制度的习惯法框架。

（一）前殖民时期的土地制度

15 世纪至 18 世纪，马达加斯加领土由几个小王国组成，这些王国基本上是围绕各自领导的氏族和血统组织建立起来的。这些

---

① 对外投资合作国别（地区）指南编制办公室：《对外投资合作国别（地区）指南：马达加斯加（2023 版）》，商务部对外投资和经济合作司、国际贸易经济合作研究院、中国驻马达加斯加大使馆经济商务处，2023，第 2 页、第 12 页、第 19—20 页。

王国，根据其起源和血统，呈现出不同的治理模式，但有一定的相似之处：主权者（国王、王后）是领导者，社会体系按金字塔等级进行组织，官员负责领土的治理。地方当局或名人管理地方事务，只有重要案件才会提交国王审判。直到1787年安德里亚纳姆波印麦利纳（Andrianampoinimerina）国王上任并开始重新统一伊麦利那（Imerina）王国之前，土地管理规则（无论是习惯法还是未登记的规则）的记录很少。第一批与土地管理相关的法律主要以口头方式传播，随后由卡巴里（皇家演讲）定义并正式颁布，其结构围绕以下原则：土地和王国属于神圣的主权者，即国王，他是绝对的所有者。国王的土地（Tanim panjakana）一词后来被用来指国家所有土地或全民所有土地；民众根据国王授予的恩惠和特权，拥有占领和享受的权利。由此，马达加斯加的土地分为"国王保有土地"（la tenure «éminente»）和"使用保有地"（la tenure «utile»）两种。如果国王决定将平民监禁、驱逐出境或贬斥为奴隶，其所在的家庭可能会被剥夺土地。同样地，如果占用者未能履行持续开发土地的义务，主权者可以将开发权转让给另一个家庭；使用权和开发权一般是集体的或社区的（宗族、家庭）；作为回报，经营者向主权者支付特许权使用费，通常是向后者提供当年收获的第一批果穗；森林是共同财产，只能由大家共享；土地开发权通常属于先来者或第一批拓荒者，因此属于开始清除植被的人或施肥的人。这种"开发"可以采取多种形式，具体取决于当地的习俗。但这种"开发"不等于简单的清理土地。这意味着王国时代的马达加斯加土地仍然坚持习惯法土地规则，正如勒内·拉力贾奥纳（René Rarijaona）所言："马达加斯加文明建立在对死者的崇拜之上，而大地确保了生者与死者之间的联系。"① 此外，尽管习惯法不允许土地交易，但是马达加斯加仍存在一定的土地出售，不过出售的是耕地权或使用权，且局限在本社区内，要有至少三位见证人才可以。

因此，因土地开发而产生的使用权构成了马达加斯加习惯土地法的支柱之一。随着欧洲殖民者的殖民扩张，在接触了西方先进的思想文化之后，马达加斯加第一部书面土地立法可以追溯到 1881 年，当时女王拉纳瓦罗纳二世（Ranavalona Ⅱ）制定了名为《三〇五条法典》（Code des 305 Articles）（1881 年 3 月 29 日）。该法典规定了管理王国一般事务的主要原则，其中包括有关土地管理的条款，该法首次引入了个人财产（Solam-pangady）的概念。这意味着土地开始成为土地开发者的个人财产。这一趋势在高原农业区尤为明显。

（二）殖民时期的土地制度

1896 年，法国彻底吞并马达加斯加全岛，并建立起殖民统治，一直持续至 1960 年。为了维护殖民统治的利益，法国殖民者主导了马达加斯加的土地改革。法国殖民者于 1896 年 3 月 9 日颁布了新的土地法，并强迫最后一位君主拉纳瓦罗纳三世女王向马达加斯加人民宣读，从而利用女王的权威付诸实施。这项法律受到英国托伦斯制度的启发，原适用于英国殖民地，特别是澳大利亚，它基于以下五个关键原则：（1）土地所有权原则：所有未登

---

① René Rarijaona, *Le concept de propriété en Droit Foncier de Madagascar*, Paris, Université de Madagascar/ Cujas, 1967, p.31.

记的土地均属于拥有至高权力的（殖民）国家。（2）土地注册后，承认国家赋予殖民地公司和个人的个人财产权。土地证或地契是无懈可击的、无形的和不可逆转的，赋予其所有者完全权利。有产权的财产在土地簿上登记，并将登记副本交付给业主。为了鼓励殖民剥削，国家采取了划定和登记名为"垦殖区"（Périmètre de colonisation）的大片农业区的举措。这些农业垦殖区以法国的名义注册，法国将其分割出售给殖民地公司。这些地块一旦转让并登记在公司名下，就授予其特许权。对于那些需要驱逐先前居住者的大面积开发项目（如垦殖区范围），国家建立了以国家名义命名的土著保护区，土著人民在其中拥有集体使用权。（3）根据1911年2月4日和1929年8月25日法令，马达加斯加原住民可以通过土著土地登记册（Cadastre indigène）确立土著财产权。这是殖民政府划定习惯权利的集体行动。一旦经过这类法院的认证，居住者就对其或其祖先已经占有的土地享有真正的权利。所有权得到承认的原住民可受益于地籍所有权的交付。已登记的不动产在30年内不得剥夺和扣押，目的是"将祖传土地巩固在有产权者手中并保护土著财产"。（4）土地的开发构成了对所有权的主要承认标准。正如不满足这一条件一样，尽管土地已经注册或获得所有权，也可能导致国家取消这项权利。（5）占有但未进行登记的土地被视为无主空地，并归殖民地国家所有。

二、独立之后的马达加斯加土地制度

（一）第一共和国的土地政策

1960年，马达加斯加脱离法国，宣告独立。首任总统菲利伯特·齐拉纳纳（Philibert Tsiranana）一直掌权至 1972 年。齐拉纳纳虽然倡导独特的马尔加什社会主义，但更多是宣传上，实际上仍是执行依赖西方资本主义国家，发展资本主义的方针，关键经济命脉都掌握在法国资本手中。在经济上，第一共和国偏重工业发展，农业领域投入严重不足。后来，农民对政府经济政策的不满成为社会政治动荡的原因之一。在土地领域，第一共和国基本沿用了殖民时期的土地法规，只是将其转变为国家形式。独立后主要的土地立法出现在 20 世纪 60 年代。20 世纪 60 年代初，马达加斯加的土地保有权制度实际上介于传统法与现代法之间，介于强制实施来自法国《民法典》的土地登记制度与仍普遍适用的习惯土地权利之间。尽管立法者一直声称试图取代传统规则，但是习惯法却以非常灵活自由的方式在适用，农村地区的土地绝大部分都在传统酋长和土地酋长手中。

1. 关于国有财产的规定。在非洲，国有财产是土地问题的核心关注点。由于殖民统治的历史遗产，土地立法对于非洲国家人民获取土地具有决定性作用，特别是效仿法国成文法体系的国家。1960 年 2 月 15 日，马达加斯加颁布了重要的第 60-004 号法令用来管理独立后的全国土地，最主要的是重申了国家所有权原则。第 11 条规定"国家被推定为，依据公法或司法的规定所有未注册、未登记或为根据常规特许权或者按照规则分配的土地的所有者"[1]。但是，这不适用于占用土地并行使个人或集体使用权的个人或社区。马达加斯加由此确立了土地可分为国家财产与私人财产两类。

---

[1]　Art.11, Loi Nº60-004 du 15 février 1960 relative au domaine privé national.

首先，关于国家公产的规定。1960 年第 60-099 号土地法令第 2 条规定："公有财产源自事物自身属性，或者由于它们被政府视为供全体人民使用、享有或者保护，因此不能成为私人财产。"[1] 第 3 条规定，公共财产分为以下三个方面：自然公共财产、人工公共财产和合法公共财产。[2] 所谓合法公共财产就其性质和目的而言，容易被私人占有，但是法律明确将其归入公共财产。根据第 8 条规定："公共财产是不可剥夺和不受时效限制的，即使它是按照马达加斯加土地保有条例规定的程序进行登记的。任何违反本规则的转让均被视为无效。"[3] 1964 年 7 月 22 日颁布的第 64-291 号法令，制定了有关公共财产的划界、使用、保护以及惩处的规则。[4]

其次，关于国家私产土地（Domaine privé national）的规定。国家私产土地不同于原宗主国（法国）的"公共行为者的私产"（domaine privé des acteurs publics）。1960 年法令第 1 条规定：国家私产是指由于其性质或特定目的而容易受到私人占有的所有动产和不动产。[5] 据此，国家私产是由所有无所有权的土地组成，比如根据习惯权利持有的土地，以及不受特定制度管辖的公共土地。

---

① Art.2, Ordonnance N°60-099 du 21 septembre 1960 réglementant le domaine public.

② Art.3, Ordonnance N°60-099 du 21 septembre 1960 réglementant le domaine public.

③ Art.8, Ordonnance N°60-099 du 21 septembre 1960 réglementant le domaine public.

④ Décret N°64-291 du 1er août 1964, fixant les règles relatives à la délimitation, l'utilisation, la conservation et la police du domaine public.

⑤ Art.1, Loi N°60-004 du 15 février 1960 relative au domaine privé national.

私产分为特定私产和开放私产。前者是为完成特定使命提供给公共服务的动产和不动产,后者则是前者之外的土地。

最后,允许获取国家私产土地。马达加斯加允许获得未分配的国家私产的土地所有权。对于个人而言,1960 年法令第 18 条规定:"除了登记的、以个人名义登记或凭借常规特许权或者根据普通法、公法或私法,马达加斯加国籍的占有者对土地施加真实、明显且永久的个人影响,包括建筑物、实际可持续开发,根据使用时限和状况以及为期十年的使用,可以在 30 公顷范围内获得相应的地契。"[1] 对于集体使用土地权而言,第 31 条规定:"居民集体行使土地使用权时,其所依靠的社区或具有法人资格的传统社区可以以捐赠形式获得土地。补助金附有一般和具体条件,不遵守这些条件可能会导致捐赠减少甚至取消。"[2]

2. 关于私有财产的规定。马达加斯加独立之际,政府唯一承认和保障的私有财产来自 1896 年 3 月 9 日法令和 1911 年 2 月 4 日法令所规定依据土地登记程序获得的财产。1960 年法令废除并取代了 1911 年法令。该法令通过使法律同国家新的政治与行政机构保持一致,也是为了解决以前未解决的法律问题。1974 年 12 月 10 日第 74-034 号法令再次修改完善了 1960 年法令。

(二)第二共和国时期的土地政策

拉齐拉卡(Didier Ratsiraka)中校于 1976 年 1 月宣誓就任总

---

[1] Art.18, Loi N°60-004 du 15 février 1960 relative au domaine privé national.

[2] Art.31, Loi N°60-004 du 15 février 1960 relative au domaine privé national.

统，统治该国 16 年，直至 1992 年。拉齐拉卡的上台，标志着马达加斯加军人政治开始和马克思主义政治转向的到来。1975 年颁布的《马达加斯加社会主义革命宪章》概括了拉齐拉卡的社会主义原则和基本理论，成为该国革命与政策的纲领性文件。拉齐拉卡政府选择了建设村社基础上的马达加斯加式社会主义。国有化是其主要经济举措，强调主要的生产资料由"革命的国家和它所保护的劳动人民来掌握"。[①]

在土地领域，第二共和国政府实行土地革命，提出"耕者有其田"的土改政策。1976 年，土地改革大规模进行。对于外资，采取没收和赎买等方式，先后收回法国殖民者占有的 23.8 万公顷土地和其他外国人占有的 6.5 万公顷土地，还收回 2.92 万公顷熟荒地，这些土地加起来占当时全国耕地的 11.8%。[②] 首先，对于封建地主，鉴于他们都是部落的酋长、氏族的头人，或是宗教上层人士，一般只选择"限制个人占有土地数量，没有完全没收其土地"[③]。其次，第二共和国政府在土改基础上，实施农业合作化行动，包括建立国营农场和国营农业生产公司，同时，政府把国家所有土地分给无地或少地的农民并兴办农业生产合作社。此外，政府也对兴办农业合作社在资金技术方面给予大力支持。最后，

[①]　王建：《列国志·马达加斯加》，北京：社会科学文献出版社，2011，第 54 页。

[②]　唐大盾等：《非洲社会主义：历史·理论·实践》，北京：世界知识出版社，1988，第 301 页。

[③]　王建：《列国志·马达加斯加》，北京：社会科学文献出版社，2011，第 57 页。

建立名为"准合作社"的城镇供销和手工业合作社。20 世纪 70 年代，为了确保发展农业经济和保障国家粮食安全，马达加斯加政府颁布建立农村发展区（Les Zones de Mise en Valeur Rurale）和土地开发区（Les Zones d'Aménagement Foncières）的规定，并在安班加（Ambanja）、马纳卡拉（Manakara）、意塔兹（Itasy）、阿劳特拉（Alaotra）等地区土地上划定专属的农村发展区和土地开发区，并以公用事业为名征用土地。最后交由马达加斯加国有公司负责管理运营，比如马达加斯加棕榈油公司（Société Malagasy pour le Palmier à Huile）、马达加斯加阿劳特劳湖林业规划公司（Société malgache d'aménagement du Lac Alaotra）等。

三、20 世纪 90 年代以来的土地改革

（一）20 世纪 90 年代以来的土地改革

冷战结束以后，马达加斯加的土地制度迎来重大改革，这是作为该国结构性调整政策的一部分。1989 年，拉齐拉卡政府公布了当时非洲第一个《国家环境行动计划》（*Plan d'action national pour l'environnement*）。[①] 该文件率先引入了保护区的标准化管理举措，并提出了对土地制度进行重大改革。据此，该文件提议"用正式的土地产权制度取代传统村落土地制度，其中所有土地都将

---

① Raik B. Daniela, "Forest Management in Madagascar: An Historical Overview", *Madagascar Conservation and Development*, Vol.2, Nº1, 2007, pp. 5-10.

以个人名义拥有所有权"①。但是，在当时的情况下，该土地产权计划未获得关注，而且当时的环境也不允许进行成本高昂而社会认可度低的重大改革。1996 年，《可再生自然资源的地方安全管理法》（*Gestion locale sécurisée des ressources naturelles renouvelables*）通过。该法为将自然资源管理权转让给地方政府提供了法律依据，作为新的资源分权管理方法的组成部分。而且，该法律试图结束自然资源是可以免费获取和使用的假设。但是，马达加斯加的政治冲突导致该计划的实施不断推迟。直到 2001 年，新的授权法案通过后，该法才正式生效，将森林管理权转移给地方政府。

自 2002 年起，拉瓦卢马纳纳当选总统后，放弃了与法国的特殊关系，转而寻求与美国和南非发展密切合作关系。拉瓦卢马纳纳时期优先考虑加速私有化的新自由主义政策，国家退出大多数生产性活动，放松对价格和汇率的管制，同时将大部分所有权的决策权力下放给市政府或地方政府。2003 年，拉瓦卢马纳纳宣布计划到 2012 年将保护区面积从 170 万公顷扩大到 600 万公顷。2004 年，《可再生自然资源的地方安全管理法》所规定的资源管理转移已在 451 个市镇实施。然而，这种方法产生了矛盾的后果。在许多情况下，自然资源管理权从合法的市镇领导人和机构手中转移到当地少数行政精英的手中，他们可以更好地对社区规定的国际法律和政策框架所需的复杂制度进行管理。在这种背景下，"社区森林管理"往往让位于精英控制，并潜在性地导致大多数人

---

① USAID, *Madagascar: Country Profile Resource Rights and Governance.* Washington, USAID, 2010.

获取资源的权利降低。2005 年，美国千年挑战公司与马达加斯加达成协议，启动了土地保有权项目，旨在增加产权契约和土地安全，提高土地服务管理效率，同时制定和采用新的土地立法并建立分散的土地管理办公室。

（二）2005 年土地制度改革

2005 年土地制度改革是历史长期因素与当时的具体因素共同作用的结果。2005 年马达加斯加土地改革对于当代马达加斯加土地问题有着决定性作用。该法在规范、制度以及技术层面都进行了创新，回应了当时马达加斯加土地制度所面临的突出问题。

1. 2005 年土地法背景

首先，土地法律之间的冲突是土地法改革的根本原因。一方面，殖民遗产所造成的土地制度二元化，使得土地管理规范彼此冲突。国家私产土地的占用问题便体现出习惯法与现代成文法之间的冲突。而且，自殖民时期便出现的"小文件"（Petit papier）变得越来越多，使得正式交易日益减少，潜在的冲突风险越来越多。另一方面，自独立以来马达加斯加的土地立法有的已经过时，有的前后矛盾，矿业、保护区法和土地法之间存在法律冲突。

其次，马达加斯加的土地服务能力几近崩溃。工作人员数量少，缺乏后勤和财政资源，土地服务全国覆盖率低。土地登记的有限性同其土地确权的程序过于复杂，且持续时间过长，结果导致合法私产实际上是马达加斯加的少数情况。2005 年，全国土地部门仅为 29 个，覆盖 115 个地区。自第一个服务处创建以来，已颁发了约 33 万个地契，但仍有 50 万个未完成。国家层面每年仅能提供 1200 个地契登记，且土地登记程序费用每户高达 500 美元，用时则超过 6 年之久。此外，土地登记簿的保护条件很差，当时已有约四分之一的档案受到不可逆的损害。[1]

最后，土地纠纷与冲突日益普遍。进入 21 世纪后，马达加斯加的土地纠纷案大幅上升，背后则是人口的快速增长与城市的扩张。当时全国民事案件的 30% 都是土地纠纷，最常见的原因涉及遗产共享、非法占用他人土地、征用时效以及土地档案保护的恶化。关于非法占用土地的情况，42% 的争议涉及没有产权的土地占用，31% 的涉及有产权的私人财产，21% 的涉及国家私产。[2] 在此背景下，人们对法律文本缺乏了解，习惯安全模式和法律安全模式之间的双重性似乎是冲突的根源。全国土地案件平均审理时间超过 400 天。

2. 2005 年土地法进程

2003 年，马达加斯加启动了国家土地改革的一系列协商活动。2005 年 2 月 8 日，由国家计划编制部门提出的《土地政策大纲》（ *La Lettre de politique foncière* ），后来经过农牧渔业部、政府其他部门以及社会与公共发展机构代表参与讨论并获得通过。2005 年 5 月 3 日，该大纲得到政府批准，成为农村与城市地区改革目标、

---

① Andrianirina Ratsialonana Rivo et Raparison Eric Hermann, *La réforme foncière à Madagascar: une capitalisation d'expérience*, CNCR, Juillet 2015, p.12.

② Andrianirina Ratsialonana Rivo et Raparison Eric Hermann, *La réforme foncière à Madagascar: une capitalisation d'expérience*, CNCR, Juillet 2015, p.14.

内容以及程序的框架。大纲规定了四个主要方面：（1）国家土地与地形保障的重组和现代化；（2）土地管理权力下放；（3）国家土地与财产法规的更新；（4）实施国家土地专业人员培训计划。① 这四个方面构成了土地改革的主要内容。

2005 年 10 月 17 日，马达加斯加通过了第 2005-19 号法令（Loi Nº 2005-019 fixant les principes régissant les statuts des terres），确立了不同土地的法律地位以及管理不同土地的各自原则。为了落实 2005 年土地法，2006 年第 2006-031 号法令确立未登记私人土地所有权的法律制度。② 在此情况下，该法律机制隶属于负责发放这些土地证书的地方机构的权能。2008 年第 2008-013 号法令规定了公共财产的法律机制。③ 因为原本管辖公共财产的法令不再适用于现有的国家土地政策，所以有必要更换新的法令。与此同时，第 2008-014 号法令则规定了管理隶属于公法范围的国家、地方政府和其他公法法人实体所拥有的土地。为了将与私产有关的法律适用于国家现有的土地政策，该法律特别规定了国家所有土地的管理办法。④

---

① Lettre de politique foncière de 2005, validée le 03 mai 2005.

② Loi Nº 2006-031 du 23/11/2006 régissant le régime juridique de la propriété foncière privée non titrée.

③ Loi Nº 2008-013 du 23 juillet 2008 sur le domaine public.

④ Loi Nº 2008-014 du 23/07/08 relative au domaine privé de l'Etat, des collectivités décentralisées et des personnes morales de droit public..

四、2005 年土地制度改革内容

针对上述所提出的马达加斯加的土地问题，2005 年土地法做了重要的创新，主要包括规范层面、制度层面以及技术层面。

（一）规范层面改革

2005 年土地法改革主要带来了两大方面的规范创新，即取消未登记土地的国家所有权推定、使用土地证书来确保土地权利。这主要涉及无现代所有权的土地，在之前这些被视为国家的私产。

首先，取消未登记土地的国家所有权推定，承认并保护未登记私有财产（La Propriété privée non titrée）。在 2005 年改革之前，国家被规定为所有未登记土地的所有者。2005 年土地法第 2 条规定："位于马达加斯加共和国领土上的土地按照下列规定进行分类：归属国有财产、地方政府的财产以及其他公法法人实体财产的土地；归属私人所有的土地；受特定法律保护制度管辖的土地。"[1] 第 21 条明确规定了未登记私有财产的地位。该条规定："私人土地分为受现代土地所有权认可的产权保护的土地以及虽然没有现代产权但可以通过适当程序建立或承认。"[2] 因此，所有权一词现在具有更广泛的含义，它不仅包括有产权的土地，还包括无现代产权的

---

[1]　Art. 2, Loi Nº 2005-019 du 17 octobre 2005 fixant les principes régissant les statuts des terres.

[2]　Art. 21, Loi Nº 2005-019 du 17 octobre 2005 fixant les principes régissant les statuts des terres.

私人土地。这意味着马达加斯加私有财产不必然具有现代所有权，所以建立土地所有权的登记程序不再是获取产权的强制条件，并且有一个适用于无所有权土地获取所有权的新法律制度。

第 33 条规定了有关未登记土地所有权规则的适用范围："所有土地，不论是城市还是农村，可能被国家法令承认为合法产权，根据其土地持有方式，后者则根据土地的职能、当前的使用与用途，可确定为具有真实、明显和长期的个人或集体的控制土地模式。"[①] 立法者希望确认习惯法规则以及根据当代不同用途和管理来建立财产权。本条所提及的"真实、明显和长期的个人或集体控制土地模式"实际上等同于根据习惯法所确立的财产权的特征。根据土地当前的用途及其状态，或根据地皮的职能，由此确立了较为灵活的评估产权的条件，这为因地制宜提供了可能性。这使得根据法律条款优先承认占用权的条件成为可能。同时，该条件也缩小了国家所有权推定原则的适用范围和领域。以前可能成为国家私产的土地从此被推定为有地契或无地契的私有财产，同时也适用于由地契或土地证明确认所有权的法律框架。因此，第 33 条开发无地契土地的规定意味着国家所有权推定原则的取消。[②] 但是，符合第 18 条规定仍然被依法推定为国家私产。

其次，以土地证明（Le certificat foncier）来确保土地权利。土地证书的法律价值受到部分群体的质疑，因为他们始终认为只有

---

①   Art. 33, Loi N° 2005-019 du 17 octobre 2005 fixant les principes régissant les statuts des terres.

②   Art. 33, Loi N° 2005-019 du 17 octobre 2005 fixant les principes régissant les statuts des terres.

经登记的地契才具有真正的土地所有权属性，而土地证明仅是中间一步。但是，根据第 2006-031 号法律第 14 条规定："证明所承认的财产权可对第三方强制执行，除非另有证明。"[1] 第 2006-031 号法律解释性备忘录则囊括了第 2005-019 号法律第 37 条的总体思路，为我们提供了有关土地证明价值的其他说明："程序结束时颁发的所有权证明是业主对其财产的权利证明，例如有财产权的地契。为此，所有者可以行使与所有权财产相关的现行法律所承认的权利及其分割相关的所有法律行为，例如销售、交换、抵押、租赁、赠与、捐赠等。财产也可以通过继承方式转让。"[2] 因此，土地证明允许其持有者行使与该权利有关的所有法律允许的行为，只要没有人出示相反证据。而且，土地证明极大降低了时间与金钱成本。现在，马达加斯加各地方政府在六到九个月只需 20 美元即可交付一份法律价值接近地契的文件。因此，符合申请条件的人，特别是那些已经开发多年未登记土地的人可以申请土地证明来确权。到 2022 年，在马达加斯加全国范围内，认证数量已经达到 1370 万份，涉及 40% 的家庭，但是只涉及 10% 的地块。[3]

为了防止出现违规，证明的颁发必须满足一定的要求。改革的目标是确保习惯法产生的土地产权以及根据不同用途和实践所

---

[1]　Art. 14, Loi Nº 2006-031 du 24 novembre 2006 Fixant le régime juridique de la propriété foncière privée non titrée.

[2]　Art. 37, Loi Nº 2006-031 du 24 novembre 2006 Fixant le régime juridique de la propriété foncière privée non titrée.

[3]　Perrine Burnod et Emmanuelle Bouquet, *La certification foncière à Madagascar entre 2005 et 2021 : quels bénéficiaires et quels effets ?*, Comité technique « Foncier & développement » , janvier 2022, p.1.

建立的产权。实际上，其本意在于让已经存在的产权在法律上得到承认，而不是让居心不良的人建立从未存在过的产权。2005 年土地法第 1 条第 2 款规定，根据其持续时间、土地用途以及使用状况，真实、明显和永久的个人或集体的占领可被视为财产权。[1] 一方面，法律禁止未开发的土地获取土地证明。另一方面，强调"持久"这一时间规定性，关于这一概念的理解，可以认为具有具体影响的行为必须持续、不间断地进行。不过，关于农业用地的情况更为具体，其"持久"的概念需要以灵活的方式加以解读。因为，农业用地不能过于强调始终保持恒定的控制，而是需要根据土地正常开发的性质与模式来评估其连续性，特别要考虑到土地休耕的情况。

（二）制度层面改革

制度创新土地改革的目标之一是通过将某些技能转移到土地服务以外的机构来解决土地服务拥挤的问题。正如安德烈·泰西尔（André Teyssier）所言，"现在可以考虑不再仅限于权力下放管理制度的土地管理制度。地方当局、公社、习惯组织都是土地管理的日常参与者"[2]。

---

[1]　Art. 1, Loi Nº 2005-019 du 17 octobre 2005 fixant les principes régissant les statuts des terres.

[2]　André Teyssier, « La gouvernance foncière en débat face aux appropriations de terres à grande échell » , *CIRAD*, 21 mai 2010. https://www.farmlandgrab. org/post/13413-andre-teyssier-la-gouvernance-fonciere-en-debat-face-auxappropriations-de-terres-a-grande-echelle.

首先，设立土地办公室（Guichet Foncier）。2005 年土地法第
39 条要求将未登记土地产权的认证下放给市政府，从而确保土地
的分散化管理。① 土地服务部门和市土地办公室的管辖范围由此划
分，市长是土地证书的签署人。土地管理的权力下放还带来了其
他创新，即拉近与用户的距离并协调合法性。2006 年 11 月 24 日
确认了关于未登记私有财产制度的法令第 3 条的规定。该条规定：
"未登记私有土地财产的管理是基层分权社区的责任。为此，它设
立了一个具体的行政机构，其创建和运作方法将由法令确定……"②
实施第 2006-031 号法律的第 2007-1109 号法令也提供了必要的说
明。根据该法令第 4 条："根据建立未登记私人土地所有权法律制
度的法律第 3 条，由基本权力下放社区的行政首长与该社区共同
审议后，由该社区的行政首长下令制定。审议机构，成为土地办
公室的具体行政服务……"③ 正如我们已经提到的，这种情况下的
基本去中心化社区是市政府。因此，经过城镇市议会和乡镇市议
会的审议后，根据市长的命令在市内设立土地办公室，市长是办
公室的行政首长。2006 年，第一批土地办公室设立，到 2022 年，

---

① Art. 3 , Loi Nº 2005-019 du 17 octobre 2005 fixant les principes régissant les statuts des terres.

② Art. 3, Loi Nº 2006-031 du 24 novembre 2006 Fixant le régime juridique de la propriété foncière privée non titrée.

③ Art. 4, Décret Nº 2007-1109 Portant application de la loi Nº 2006-031 du 24 novembre 2006, fixant le régime juridique de la propriété foncière privée non titrée.

数量已达到 546 个。^① 经过 16 年的改革，办公室已覆盖三分之一的城市。不过，仅有 3% 的土地办公室由市政府出资设立，其他办公室都是由国际捐助者（千年挑战账户、世界银行、欧盟、国际农业发展基金、法国发展署等）提供资金支持。

其次，设立地方认可委员会（Commission de Reconnaissance locale）。该委员会由委员会代表、邻居、村里的名人（Raiamandreny）、传统酋长（Fokontany）和市政府代表组成。地方认可委员会是国家委员会的地方替代机构，在了解村庄定居点的历史方面具有相当大的优势。此外，名人的出席也是调解认可过程中可能出现的冲突的一股力量。

最后，设立市政理事会（Le Conseil communal）。市包括城镇市、乡镇市以及特殊市。它们都是享有财政自主权的公法法人实体，均具备当选议员组成的市政理事会，也拥有地方私产土地。目前，马达加斯加拥有 1295 个市以及 3 个特别市。市政理事会有权商议"决定全部或部分收回未开发的、超过法定面积且没有有主建筑物或者用于建设的可见规划的地方私产"^②。而且，市政理事会在发生与土地认证程序有关的争议时拥有法定仲裁权，可做出仲裁裁决，相当于一审判决，并可上诉。这一特权使得在地方

---

① Perrine Burnod et Emmanuelle Bouquet, *La certification foncière à Madagascar entre 2005 et 2021 : quels bénéficiaires et quels effets ?*, Comité technique « Foncier & développement », janvier 2022, p.2.

② Art. 20, Ordonnance N° 74-021 portant refonte de l'ordonnance N° 62-110 du 1er octobre 1962 sanctionnant l'abus de droit de propriété et prononçant le transfert à l'Etat des propriétés non exploitées.

一级处理一些可能给法院带来负担的案件成为可能。

（三）技术层面改革

土地信息计算机化是 2005 年改革的主要技术创新，指在土地服务部门（依赖于国家）和公共土地办公室（附属于市政府）层面同时开展工作，以创建数据信息库。通过扫描地形图并输入所有者信息来对土地进行数字测绘，其中关键的工具则是地方土地占用绘图工具（Le plan local d'occupation foncière）。2006 年第 2006-031 号法令第 4 条规定："地方土地占用绘图工具是基本制图信息工具，用于标注每块土地状态、明确可能属于特定服务范围的地块以及追踪位于特定行政区地块的状态及其演变。"[1] 但是，在计算机化管理作为工作基础在土地服务层面尚未完全可行之际，地方土地占用绘图工具的使用就是市层面土地认证程序的核心。一旦在请求过程中识别了土地，该工具就会提供给用户所需信息。因此，该技术是对当地经验知识的补充。绘图工具的信息可用于打印土地证书，并最终以适当的比例保存经过认证的地块上的所有信息。绘图工具在向土地局提供有关土地状况的信息，以及在服务部门和土地局之间进行数据交换以定期更新土地地图信息方面也发挥着至关重要的作用。第 2006-031 号法律规定，设立地方土地占用绘图工具是开设土地办公室的先决条件。[2]

---

[1] Art. 4, Loi Nº2006-031 du 24 novembre 2006 Fixant le régime juridique de la propriété foncière privée non titrée.

[2] Art. 3, Loi Nº2006-031 du 24 novembre 2006 Fixant le régime juridique de la propriété foncière privée non titrée.

五、2022 年土地制度改革

土地管理分散化带来的权力重新分配在国家机器内部以及土地治理参与者之间制造了紧张关系。多年来，中央土地管理局采取了各种举措，通过上游措施（开柜签证、签发 PLOF）、过程中（技术标准）限制地方政府在土地管理方面的权力并加大认证难度。2010 年，土地管理部门发出通知，要求各市政府为其土地办公室的开设提供签证服务，而该签证必须从权力下放的土地管理部门获得。2012 年，中央土地局发布的两份行政通知暂停了阿纳拉曼加地区 13 个城市土地办公室的活动。2014 年，国家领土整治与基础设施部（Ministre d'Etat chargé des Infrastructures, de l'Equipement et de l'Aménagement du Territoire）通过法令暂停了近一年的认证程序（2014 年至 2015 年），以及在没有获得许可的城市中国家私人领域的土地转让操作。2015 年，土地管理部门试图在新版私有土地所有权法的框架内强制规定，只要发生转让（通过继承、出售或无偿转让），证书就必须转变为所有权。其目标是将证书视为登记的第一阶段，从而重建土地行政管理对所有合法登记土地的垄断。2017—2020 年，各种行政活动提高了土地办公室及其服务的质量，但同时限制了其进展。2021 年 10 月 28 日，马达加斯加政府颁布了修改未登记土地产权法的第 2021-0161 号法律。该法律实际上是由土地管理部门单方面设计和起草的，没有咨询其他土地利益相关者，也没有动员起草土地文本的委员会。

根据 2021 年第 2021-0161 号法律的解释性备忘录，制定这部新法是为了能够合法地重新界定在 2011 年进行的评估中指出的在分散管理实施期间遇到的技术和操作限制，例如开发期限和归属面积、缺乏土地办公室的控制和支持、国家剥夺的土地证书登记造成的浪费以及对由营利性法人实体垄断的未登记私人财产等问题。

为了调整实施分散土地管理中尚未预见到的情况，该法修改和建立了适用于未登记私人土地财产的法律制度，提出了以下要求：（1）市土地办公室的设立和运营条件标准化，使用标准化技术和操作流程，特别是绘制地方土地占用情况方面，使土地服务部门和市一级土地办公室之间的土地信息交换正规化；（2）详细说明市土地局在土地认证方面的权限范围，特别是未登记私人土地财产的适用范围，本法颁布前 15 年确定的占用和开发概念是规范未登记私人土地所有权的推定，排除不符合这些条件的某些类别的地块；（3）巩固实施分散的土地和土地证书管理：市土地办公室职能扩展和发展的前景；确认土地证书的法律价值，并提供某些条件，例如能够用明显标志划分经认证的土地、规定上诉时限以及尊重各市政府在以下事项上的职权范围：土地认证以及土地证书签署人、土地办公室代理人和当地承认委员会成员的个人和财务责任；（4）在出于公共事业原因进行采矿或征用的情况下，保护持有土地证书的所有者；（5）如果发现违规和错误，市长可以撤回和取消土地证书；（6）制定过渡性规定，在市一级没有市政土地窗口系统的情况下，允许无权和占用的私人土地财产的占有者获得土地保障。[①]

[①]　Loi N°2021-0161 portant refonte de la Loi N°2006-031 du 24 novembre 2006 fixant le régime juridique de la propriété foncière privée non titrée, p.2.

但是，上述关于未登记土地年限的修改、对土地登记机构的强调引发了巨大的担忧。首先，改变未登记土地所有权的概念。2021 年土地法第 2 条规定："未登记土地产权适用于所有城市和农村土地；在本法颁布前至少 15 年已经被占用，但尚未认证或进行土地登记；不构成国家、地方行政区或公法实体的公产或私产的一部分；不具有特殊地位的土地。"① 第 6 条规定："本法所指的占用是指促进发展……发展和开发的期限不少于 15 年。在当地实施认可程序时未开发的土地不被视为已占用，也不被视为已开发。"② 关于未登记土地产权的定义发生变化，那么，2006 年以及 2006 年之后占用和开发土地的情况怎么界定。而且，此处所使用的"开发"的含义缺乏明确规定，但它却是根据 2021 年土地法确定是否享有土地所有权的基本要素之一。实际上，这种做法很大程度上有利于富人，损害了弱势群体的利益。因为，通常开发与个人或集体的能力有关，能力则又与其家庭状况密切相关。此外，"开发"概念的界定通常由国家或地方当局来进行评估。这就让人觉得国家似乎在阻止能力相对有限的马达加斯加人获取土地，考虑到当今马达加斯加 80% 的人生活在贫困线以下，贫穷的马达加斯加人民没有能力购买土地成为所有者并执行非常昂贵的登记程序。提供劳动力是他们可以使用的唯一手段。

其次，2021 年修正案最重大的改变是不再将占用或开发视为

---

① Art. 2, Loi N°2021-0161 portant refonte de la Loi N°2006-031 du 24 novembre 2006 fixant le régime juridique de la propriété foncière privée non titrée.

② Art. 6, Loi N°2021-0161 portant refonte de la Loi N°2006-031 du 24 novembre 2006 fixant le régime juridique de la propriété foncière privée non titrée.

土地权利的来源，而是将土地证明作为未登记土地权利的凭证。这不同于 2005 年土地法仅将土地证明作为权利的承认依据。因此，如果没有土地证书形式的证明，所有权将不会得到承认，所有权推定也就消失了。第 21 条第 3 款规定："本法所指的是符合未经土地登记的私有产权标准的土地持有者以及持有享有类似产权属性的土地证明的人。"[①] 根据 2005 年法律的精神，未登记土地所有权实际上消失了。第 22 条第 3 款和第 4 款规定："对于尚未认证的土地，如果有关市政府尚未设立土地办公室，自住业主应立即根据本法取得土地证书或土地所有权，使其正规化。一旦进行正规化，就会在相应文件中注明，所有者应提供其所有权证明，以便从已存入账户的补偿中受益。"[②] 与之前的第 21 条一样，被征收人没有权属证明的，将被视为无权占用人，不予补偿。未登记产权实际上是为了让大多数马达加斯加民众获得其所无法获得的登记土地权。因为，土地登记制度本身不是为了保障马达加斯加人的权利而设置。正如上述所言，如果占用或开发土地的人没有经过认证的土地证书，那就意味着该占用或开发者不享有对其开发或占用土地的所有权，这实际上废除了 2005 年土地法最重要的改革成果——未登记土地权。

最后，分散土地管理的重要性和有效性得到了认可。但是，

---

① Art. 21 alinéa 3, Loi N°2021-016 portant refonte de la Loi N°2006-031 du 24 novembre 2006 fixant le régime juridique de la propriété foncière privée non titrée.

② Art. 21 alinéa 3&4, Loi N°2021-016 portant refonte de la Loi N°2006-031 du 24 novembre 2006 fixant le régime juridique de la propriété foncière privée non titrée.

2021 年新土地法第 46 条规定："在建立负责管理土地财产的基本社区行政服务机构之前，分散的国家服务机构应确保地块的安全和管理。"① 第 47 条第 1 款规定："任何希望获得不动产的人都必须向国家土地注册处提交注册申请，当地认可程序由委员会执行，委员会由国家土地局的专员任主席，成员则包括专家测量员、市长、市镇的酋长以及名人。"② 第 47 条第 5 款规定："所请求地块的标界是由作为当地认可委员会成员的地形测量员在当地勘察后确定的。"③ 因此，在没有土地办公室的地方，即三分之二以上的马达加斯加市辖区只有通过土地登记才能获取土地所有权。而且，土地登记的费用高昂、程序烦琐复杂且耗时过于漫长等问题都没有得到解决，所以这些地区的民众无法进行权利认证。这种做法虽然旨在应对无土地办公室区域土地肆意圈占囤积的问题，但是也使普通人获取土地权变得复杂化。

---

① Art. 46, Loi Nº2021-016 portant refonte de la Loi Nº2006-031 du 24 novembre 2006 fixant le régime juridique de la propriété foncière privée non titrée.

② Art. 47 alinéa 1, Loi Nº2021-016 portant refonte de la Loi Nº2006-031 du 24 novembre 2006 fixant le régime juridique de la propriété foncière privée non titrée.

③ Art. 47 alinéa 5, Loi Nº2021-016 portant refonte de la Loi Nº2006-031 du 24 novembre 2006 fixant le régime juridique de la propriété foncière privée non titrée.

第五章　当代加蓬土地制度改革

　　加蓬位于非洲中西部，赤道横穿该国中部，西濒大西洋，东、南与刚果（布）为邻，北与喀麦隆、赤道几内亚交界。加蓬位于赤道两侧，北部属热带雨林气候，南部属热带草原气候。加蓬国土面积约 26.8 万平方公里，自然资源丰富，是非洲石油、锰矿砂和木材生产大国。加蓬人口 220 万（2022 年），有 40 多个民族，主要有芳族（占全国人口 40%）、巴普努族（22%）、姆蓬戈韦族（15%）、姆贝代族（14%）。[①] 得益于丰富的自然资源和较为稳定的政治环境，加蓬经济发展水平居非洲国家前列。2022 年加蓬国内生产总值 222 亿美元，人均 GDP 达到 8820 美元。但是，加蓬经济结构较为单一，发展长期依赖石油、木材、锰矿等资源性产业。不同于其他法语非洲国家，加蓬有其特殊性。首先，加蓬是城市化程度很高的国家，全国 85%—90% 的人居住在城市。而且，

---

　　① 对外投资合作国别（地区）指南编制办公室：《对外投资合作国别（地区）指南：加蓬（2023 年版）》，商务部对外投资和经济合作司、商务部国际贸易经济合作研究院、中国驻加蓬大使馆经济商务处，2024，第 6 页。

加蓬是非洲人口密度最低的国家之一，2020 年人口密度仅为每平方公里 8.6 人，甚至被称为"空地"。从土地用途来看，加蓬的森林覆盖率极高，高达 85%。其次，加蓬农业产值占比很低，成为该国经济的薄弱环节之一。1960 年农业（不包括渔业和林业）占加蓬 GDP 的 32%，2014 年仅占 GDP 的 2.9%。只有十分之一的农业用地（总共 520 万公顷）被耕种，迫使该国 80% 的粮食依赖进口。[1] 家庭农场平均面积为 1 公顷至 1.5 公顷。这意味着该国粮食安全保障十分有限。加蓬的经济主要基于自然资源的开发，特别是石油、矿山和木材。从贫富差距来看，虽然人均国内生产总值是非洲最高的国家之一，但是贫困程度仍然很高，且内部分配不平等。土地专家普遍认为，拥有耕地与较高的人均收入水平相关。"农场耕地面积增加 1% 的农业家庭，其生活水平可提高 3.1%。"加蓬共和国没有专门的土地政策，土地制度更多是通过其他法律的形式加以体现。因此，从法律角度分析加蓬的土地制度更为现实且可行。

一、当代加蓬的土地保有制度

1960 年 8 月 17 日，加蓬独立。从此加蓬进入保障政治独立，建立与发展民族经济的新阶段。但是独立初期，加蓬国力薄弱，殖民遗产对加蓬有着巨大的影响。独立后加蓬同前宗主国保持着非常紧密的经济、政治、军事、文化与法律的联系。加蓬的土地

---

① Ovono Edzang Noël, *National assessment of land governance for Gabon's National Agricultural Investment Plan*, Deutsche Gesellschaft für Internationale Zusammenarbeit (GIZ), 2019. https://landportal.org/node/101636.

政策也不例外。自独立后，加蓬在殖民立法的基础上，通过多项国家法令对殖民土地制度进行了修订。1991年，加蓬现行宪法通过。当代加蓬的土地法建立在20世纪60年代三项法令基础之上，即1961年第61-06号法令、第63-14号法令以及第63-15号法令。

（一）关于国有土地规定

实际上，加蓬全境的土地基本上都属于国家所有。根据加蓬宪法第23条规定，一切空置不动产和无主不动产均属于国家所有。[①] 这意味着所有未耕种或未被房屋占用的农村土地，以及所有没有正式权利的土地都属于国家。这些土地加在一起几乎覆盖了该国的整个地区。

第一，关于国有土地的组成。1963年加蓬颁布了第63-14号关于国有土地组成以及管理与转让的法令。[②] 该法令规定了国有土地的组成以及管理和转让的规则。该法令将国有土地分为国家公产与国家私产两种类型。根据该法令，国有土地是指属于国家的所有动产和不动产及其权利。根据第3条规定，国家公产土地是指"留给公众或直接提供给公众的公共服务土地"，包括"所有死水或自来水和所有水道……"国有土地的其他土地则构成国家私产，其中包括"未根据登记制度划拨或尚未明确授予的土地"[③]。该法

---

① Art. 23, Constitution de la République gabonaise.

② Loi Nº 14-63 fixant la composition du domaine de l'Etat et les règles qui en déterminent les modes de gestion et d'aliénation.

③ Art. 3, Loi Nº 14-63 fixant la composition du domaine de l'Etat et les règles qui en déterminent les modes de gestion et d'aliénation.

令中森林在国家领土中的地位仍不清楚。该法令第 80 条仅规定，国有森林与木材只能根据法律进行转让。①然而，这种不精确性并不涉及属于国家公产范围的国家公园，后者则由关于国家公园的第 03/2007 号法律第 4 条第 1 款规定。同样，该法没有回答社区居住的土地和未占用的林地是否属于国家公产土地或私产土地的问题。尽管法令存在这些不准确之处，但根据此法，加蓬国家所有土地可划分为三种类型：公共土地、私产土地和特许或划拨土地。

第二，关于国有土地的让与（cession）。第 63-14 号法令还包含确定了国家公产土地和私产土地的转让方法的规则。对于国家公产土地，它提供了授权其临时占用或转移管理的办法。对于国家私产土地，它规定了不动产领域的管理方法（租赁、国家建造的临时建筑的占用协议、廉租住房组织或专门组织介入国有建筑的管理）。与国家不动产有关的各种收入、特许权使用费、税款等均由土地服务机构收取。2012 年 6 月 19 日第 257/PR/MECIT 号法令，确定了适用属于国家私产土地且未分配给公共服务部门或受托公共服务使命的私人的土地的转让与租赁规则。②相比 1963 年法令，该法令规定了以完全所有权转让土地的可能性，区分了协议转让（la cession en toute propriété à titre gratuit）和拍卖转让（la cession en toute propriété à titre onéreux）。1963 年法令仅考虑到拍卖转让的可能性。而 2012 年法令第 8 条规定，当所请求的土地

---

①　Art. 80, Loi Nº 14-63 fixant la composition du domaine de l'Etat et les règles qui en déterminent les modes de gestion et d'aliénation.

②　Décret Nº257 PR/MECIT du 19 juin 2012 réglementant les concessions et les locations des terres domaniales.

不是竞争性土地时，可以通过私人协议转让全部所有权。[①]第 9 条规定，当且仅为了公共机构、地方当局、工厂和宗教、慈善或社会公益协会的利益，转让可以是免费的，且不得以营利为目的使用这些出让土地。[②]

第三，关于特定类型的土地转让。森林只能根据法律进行转让。2012 年法令第 3 条规定转让适用于城市土地和农村土地，但除了国家专属规划土地外。首先是城区周边土地。其次是"所有其他"，限制了农村的范围，土地仅限于非林地。[③]再次，是关于习惯法下的土地转让。关于习惯权利下城市土地转让，该法令规定，这些土地应属于城市规划细分土地（lotissement），且没有遭到原住民社区代表的反对。相比 1963 年法令，此法令不再提及开发作为登记的先决条件。但是根据第 37 条规定，开发仍是城市地区新的土地转让条件。[④]此外，管理机构也发生变化。1963 年法令规定国家私产土地的不动产由土地局负责转让，而 2013 年法令则规定土地转让由国家城市规划、地形工程与土地登记局（Agence Nationale de l'Urbanisme, des Travaux Topographiques et du Cadastre）负责实施并保管土地产权转录或创建的档案。

---

① Art. 8, Décret N°257 PR/MECIT du 19 juin 2012 réglementant les concessions et les locations des terres domaniales.

② Art. 9, Décret N°257 PR/MECIT du 19 juin 2012 réglementant les concessions et les locations des terres domaniales.

③ Art. 3, Décret N°257 PR/MECIT du 19 juin 2012 réglementant les concessions et les locations des terres domaniales.

④ Art. 37, Décret N°257 PR/MECIT du 19 juin 2012 réglementant les concessions et les locations des terres domaniales.

第四，关于国有土地的租赁。加蓬的国有土地租赁制度包括长期租赁（La Concession par baux emphytéotiques）和普通租赁（La Concession des baux ordinaires）两种。长期租赁由 1970 年 9 月 30 日第 50/70/PR/MFB/DE 号法令规定。[①] 长期租赁的授予方式同最终特许权相同，但是仅仅授予其物权、地表权、可抵押权，也就意味着仅仅是土地的享有权。该法成为国家私产土地或建筑物租赁的重要制度。法律规定租赁年限最长为 99 年，一般为 50 年，需缴纳一定的固定额度租金。租赁可以进行转让，并在因公共事业原因征用时有权获得补偿。承租人可以自由开发房地产，包括改变其用途，前提是不减少开发价值。租赁结束时，加蓬政府享有所有承租人进行的改进、建设和其他投资，且无补偿。该立法明确规定，长期租赁不适用于已完成所有权明确分配的国有土地，或开发商已投资 1.5 亿法郎及以上的土地（第 18 条）。[②] 目前，该制度广泛应用于奥兰、穆伊拉、坎戈和比丰的工业、商业和农业区。短期租赁则由 2012 年 6 月 19 日第 257/PR/MECIT 号法令规定。普通租赁期限一般不超过 3 年，且授予受益人的使用权不可转让也不可抵押。[③] 如果土地进行转让，占用也不赋予承租人优先

---

① Ordonnance N°50-70-PR/MFB/DE du 30 September 1970 portant réglementation des baux emphytéotiques consentis par l'Etat sur les terrains faisant partie de son domaine privé.

② Art. 18, Ordonnance N°50-70/PR/MFB/DE du 30 September 1970 portant réglementation des baux emphytéotiques consentis par l'Etat sur les terrains faisant partie de son domaine privé.

③ Art. 21, Décret N°257 PR/MECIT du 19 juin 2012 réglementant les concessions et les locations des terres domaniales.

权。如果承租人屡次不付或迟付租金且经正式通知仍未付的，国家可以终止普通租赁，且不予补偿。[1]

（二）关于私人土地规定

加蓬共和国宪法承认且保护私有财产权。根据宪法第 10 条规定："每个人，无论是单独的还是在社区中，都享有财产权。任何人的财产均不得被剥夺，除非法律规定的公共需要并在公平和事先补偿的条件下；然而，因公用事业、开发不足或缺乏开发以及针对注册财产而征收的房地产受法律管辖。该规定可以明确四个方面：人人享有财产的原则；财产的个人或集体性质；出于公共事业目的而征用时应给予公平和优先补偿的原则；因缺乏或发展不足而征用的原则。"[2] 宪法第 47 条也明确规定，"财产权、物权和民商债务属于该法管辖"[3]。加蓬的私人土地产权制度源自法国殖民统治时期所推行的土地登记政策，即所谓的托伦斯制度。同时，法国殖民土地政策的所有权概念也受到法国 1804 年拿破仑《民法典》的深刻影响。

1965 年 5 月 8 日加蓬颁布了关于建立土地所有权制度的第 65-15 号法令（Loi N° 15-63 fixant le régime de la propriété foncière）。尽管该法令名称是土地所有权法，但它只是一部翻版的土地登记法。登记的定义是拥有土地登记册中记录的权利，并且随后可以取消。

---

① Art. 22, Décret N°257 PR/MECIT du 19 juin 2012 réglementant les concessions et les locations des terres domaniales.

② Art. 10, Constitution de la République gabonaise.

③ Art. 2, Constitution de la République gabonaise.

根据第 5 条，须进行土地登记才可获取的权利包括：所有权；共同所有权；持有者物权，包括用益权、使用权、居住权、租赁权与质押权；地役权或抵押权。① 2012 年 2 月 13 日第 2012-06 号法令取代了 1963 年建立土地所有权制度的第 63-15 号法律，建立了土地所有权制度。第 3 条规定了土地产权的内容，但没有对产权本身做出界定。实际上，加蓬的产权概念参考了法国民法中的产权观。法国《民法典》第 544 条规定："财产是以最绝对的方式享有和处置物品的权利，前提是非法律禁止的用途。"② 根据法律规定，加蓬共和国的土地所有权与地下土壤和底土中所蕴含的自然资源无关。

2012 年法令第 25 条和第 26 条规定，无论土地所有权的转让类型如何，由此产生的所有权都必须进行登记。③ 私人土地产权的获取与转移包括继承、生前捐赠或死后遗嘱捐赠、债务、增益或入股以及取得时效。④ 当土地仍然属于国家私产时，这些土地仍受公法管辖，可以通过有偿让与和取得时效两种方式获得土地。第 39 条规定："土地登记使该所有权可以针对第三方强制执行，从而

---

① Art. 5, Loi Nº 15-63 fixant le régime de la propriété foncière.

② Art. 544, Code civil.

③ Art. 25 & 26, Loi Nº 3/2012 du 13 août 2012 portant ratification de l'ordonnance Nº 5/2012 du 13 février 2012 fixant le régime de la propriété foncière en République gabonaise.

④ Art. 27-29, Loi Nº 3/2012 du 13 août 2012 portant ratification de l'ordonnance Nº 5/2012 du 13 février 2012 fixant le régime de la propriété foncière en République gabonaise.

保护所有者免受第三方对其财产的任何索赔。"① 第 33 条规定："在登记官收到登记请求后，应在官方公报或公告中刊登该请求。自土地申请书公布后十五日内任何人都可以提出异议，但须以书面形式。"② 第 43 条和第 44 条规定，如果没有反对意见，高等法院院长就会批准，如果有反对意见，则高等法院将就反对意见做出裁决。③ 尽管有关注册的决定不得上诉，但第 45 条规定可以向最高法院上诉。④ 随后进行登记，并颁发土地所有权证，即地契（Titre foncier）。第 48 条规定："该地契带有序列号和特定名称，并附上平面图。"⑤ 自此，所有土地产权的变更都必须通过地契的变更加以实现。第 61 条规定："该地契的所有权是最终的且无可争议的，不受时效限制。无论如何，注册将取消该地块先前存在的所有权

---

① Art. 39, Loi N° 3/2012 du 13 août 2012 portant ratification de l'ordonnance N° 5/2012 du 13 février 2012 fixant le régime de la propriété foncière en République gabonaise.

② Art. 33, Loi N° 3/2012 du 13 août 2012 portant ratification de l'ordonnance N° 5/2012 du 13 février 2012 fixant le régime de la propriété foncière en République gabonaise.

③ Art. 43&44, Loi N° 3/2012 du 13 août 2012 portant ratification de l'ordonnance N° 5/2012 du 13 février 2012 fixant le régime de la propriété foncière en République gabonaise.

④ Art. 45, Loi N° 3/2012 du 13 août 2012 portant ratification de l'ordonnance N° 5/2012 du 13 février 2012 fixant le régime de la propriété foncière en République gabonaise.

⑤ Art. 48, Loi N° 3/2012 du 13 août 2012 portant ratification de l'ordonnance N° 5/2012 du 13 février 2012 fixant le régime de la propriété foncière en République gabonaise.

利。"[1] 第 67 条规定:"没有按照本法第 64 条规定在土地薄中进行公开登记的租赁协议,自该协议之日起 3 年后便不得对第三方强制执行。"[2] 同样,第 66 条规定:"自愿签订的证书和协议除非经过土地登记,否则不具有法律效力。"[3] 第 103 条规定,任何人都可以获得土地簿中记录的信息或注册建筑物平面图上显示的信息。此外,根据第 101 条和 102 条规定,登记官应及时更正因土地登记所出现的记载遗漏、错误或未规定的情况,倘若登记官拒绝进行更正,或未得到当事人的认可,则可通过法院做出裁决。[4] 而且,根据第 114 条、第 115 条和 116 条规定,伪造或篡改土地产权的人应受到法律的严惩,并处以罚款。[5]

相比 1963 年法令而言,2012 年法令提高了处理土地登记申请的便利性和速度。1963 年规定全国仅有利伯维尔一个地契登记保

---

[1]　Art. 61, Loi N° 3/2012 du 13 août 2012 portant ratification de l'ordonnance N° 5/2012 du 13 février 2012 fixant le régime de la propriété foncière en République gabonaise.

[2]　Art. 67, Loi N° 3/2012 du 13 août 2012 portant ratification de l'ordonnance N° 5/2012 du 13 février 2012 fixant le régime de la propriété foncière en République gabonaise.

[3]　Art. 66, Loi N° 3/2012 du 13 août 2012 portant ratification de l'ordonnance N° 5/2012 du 13 février 2012 fixant le régime de la propriété foncière en République gabonaise.

[4]　Art. 101&102, Loi N° 3/2012 du 13 août 2012 portant ratification de l'ordonnance N° 5/2012 du 13 février 2012 fixant le régime de la propriété foncière en République gabonaise.

[5]　Art. 114-116, Loi N° 3/2012 du 13 août 2012 portant ratification de l'ordonnance N° 5/2012 du 13 février 2012 fixant le régime de la propriété foncière en République gabonaise.

管处，2012 年法令规定每个省会城市均有一个地契登记保管处，而河口省则有两个（第 4 条）。同样，异议期限也从两个月缩短至十五天（第 39 条）。这意味着诉诸司法的权利被削弱，因为在农村地区获取信息并不容易，申请人在上诉中可能会面临时效。该法确认了法国《民法典》（第 711 条、第 712 条）有关土地所有权的规定，土地所有权可以是个人或集体（第 47 条），而且绝对、明确、不可撤销、不受时效限制和不容置疑（第 61 条）。第 61 条还规定："土地所有权构成注册时建筑物上存在的物权和土地费用的起点，不包括任何其他未注册的权利。作为有关土地所有权的追索手段。"[1] 第 63 条规定任何利害关系方都可以对以非法或欺诈手段获得土地所有权的人，或者帮助获得土地所有权的人提起责任诉讼，但是在这种情况下并不终止错误登记程序的进行。[2] 2012 年法令没有明确解决习惯土地权的问题。第 30 条规定，除其他外，任何申请人必须表明所主张的权利的来源。[3] 这意味着无论权利的来源是什么，即使是习惯法，申请人也必须经过登记程序，以便正式对第三方强制执行。

---

[1]　Art. 61, Loi N° 3/2012 du 13 août 2012 portant ratification de l'ordonnance N° 5/2012 du 13 février 2012 fixant le régime de la propriété foncière en République gabonaise.

[2]　Art. 63, Loi N° 3/2012 du 13 août 2012 portant ratification de l'ordonnance N° 5/2012 du 13 février 2012 fixant le régime de la propriété foncière en République gabonaise.

[3]　Art. 30, Loi N° 3/2012 du 13 août 2012 portant ratification de l'ordonnance N° 5/2012 du 13 février 2012 fixant le régime de la propriété foncière en République gabonaise.

（三）关于国家征用土地的规定

法国《民法典》第 544 条规定了因公共利益原因而征用土地问题的原则。加蓬 1991 年宪法除了引用该条款之外，还增加了因发展不足或缺乏发展而征用的可能性。1961 年 5 月 10 日加蓬便颁布关于出于公共事业原因征用土地的第 61-06 号法律（Loi Nº 6-61 réglementant l'expropriation pour cause d'utilité publique）。关于因发展不足或缺乏开发的征用法律文本主要源自 1970 年 10 月 12 日第 52/PR 号法令（Ordonnance Nº 52/PR relative à l'expropriation des terrains insuffisamment mis en valeur）。

1961 年法令规定国家可以因公共事业而进行土地征用。该法共有 10 章，65 个条款。第一章规定了公用事业申明的方式（初步调查、确定征收地块、寻找产权和其他物权持有人、明确征收期限）。第二章规定了所有权的转让是在友好协议或主管法官的命令后进行。转让消除了不动产的所有物权和个人权利，正式登记的债权人的权利转移到补偿。第三章规定了补偿的确定程序。第四章规定了紧急情况下的征收程序。第五章列出了可能的诉诸上诉的途径与方法。第六章规范了复杂的运作：涉及多个社区的运作、对邻近地块进行重大改造并导致合并的运作、通过协议进行转让的运行，以及引起移民安置计划的运行。第七章涉及公共工程实施的地役权。第八章载有多项规定。此外，1976 年 1 月 6 日第 76-02 号法令补充了该法令的第 10 条，规定了国家基于公共事业原因征用私人土地的条件，以及因实施公共工程而确立公共地役权的情况。（地役权是指通过合同形式，利用他人不动产，来提升自身不动产的效益。）新法第 10 条规定："但是，国家给予的补偿仅考虑征收之日建筑物的价值以及所有者进行的并入地面（堤坝）的劳动量、土方工程等。"[1] 1970 年第 52/PR 号法令规定，当管理委员会注意到开发的缺失或不足时，会向业主发出警示通知，业主有一个月的时间同意该委员会提出的开发计划，并有六个月的时间进行实地开发。[2] 如果拒不履行开发义务，自然人享有六个月时间归还，而法人则享有三个月时间归还。[3]

　　总之，该法令具有积极性与不足之处。从积极方面来看，补偿是针对土地当时价值及其改造而进行支付的。补偿形式包括现金、新土地或新房屋等，而且支付搬迁费用。如果官方规划影响搬迁，则必须进行规划与赔付。受影响人可接受现金代替安置方法。但是征收需要司法判决，否则不可随意征用或驱逐。最后，补偿对象不仅包括产权所有者，也包括拥有"正式确立习惯使用权"的人，以及那些建筑物的合法租户或持有长期租约的人。比如，村庄内村民的土地被国家用于其他用途，持有者将获得新房屋和农地的补偿，而且强调在支付补偿前不可进行驱逐。但是，该法仍然存在不足之处。首先，补偿标准并不相同，实际上有利

---

[1]　Ordonnance N° 2/76 du 6 janvier 1976 complétant l'article 10 de la loi N° 6/61 du 10 mai 1961, réglementant l'expropriation pour cause d'utilité publique et instituant des servitudes pour l'exécution des travaux publics.

[2]　Art. 2, Ordonnance N° 52/PR relative à l'expropriation des terrains insuffisamment mis en valeur.

[3]　Art. 3, Ordonnance N° 52/PR relative à l'expropriation des terrains insuffisamment mis en valeur.

于拥有完全产权的人。而作为未被承认的所有者，尽管拥有习惯权利，但不能要求任何补偿，除非拥有正式的占用许可证。不过，根据现实实践，习惯上仍会自由裁量，当传统土地所有者被迫离开家园和农场时，会得到一些补偿。1979 年 8 月第 846 号法令规定，当公共利益要求销毁农作物时，必须对农作物损失进行赔偿，即使所有者没有占用许可证或地契，也必须支付赔偿金。[1] 其次，该法对公用事业的界定并不明确。"发展"被认为是公共事业，"森林保护"也是如此。这种法律概念的模糊为将私人目标归入公用事业留下了漏洞，正如目前在加蓬出现的清理土地用于建设私人住宅区。最后，存在技术性困境。一方面，征用受害者提交索赔的时间非常短，从通知之日起最多只有八大，未在此期限内提出请求的人将丧失获得赔偿的权利。[2] 另一方面，征用受害者对决定提出异议的权利和手段有限。上诉权受到限制，只能以程序违规为由质疑征收令，而不能以决定的实质和逻辑为依据。[3] 向上级法院上诉的权利不会中止征用，即使上诉未决，征用也可以继续进行。[4]

---

[1] Décret Nº 846/PR/MAEDER du 8 août 1979 fixe les indemnités à verser en cas de destruction obligatoire de cultures.

[2] Art. 9, Décret Nº 846/PR/MAEDER du 8 août 1979 fixe les indemnités à verser en cas de destruction obligatoire de cultures.

[3] Art. 29, Décret Nº 846/PR/MAEDER du 8 août 1979 fixe les indemnités à verser en cas de destruction obligatoire de cultures.

[4] Art. 30, Décret Nº 846/PR/MAEDER du 8 août 1979 fixe les indemnités à verser en cas de destruction obligatoire de cultures.

二、当代加蓬的林业制度

加蓬最核心的资源显然是木材、矿石和石油。这些不同的领域受到特定法规的约束，但它们都间接涉及国有土地制度。加蓬森林是仅次于亚马孙热带雨林的世界第二大茂密湿润森林群。2020 年，加蓬森林面积为 2353 万公顷，覆盖国土面积的 88%，保护区面积达 345 万公顷，可开采林地面积 1800 万公顷，原木储量约 4 亿立方米，居非洲第三位。自 2010 年以来，森林面积的年度净损失约为 1.2 万公顷。森林面积的减少归因于"农业扩张、工业活动、伐木和采矿活动以及水电大坝、道路等大型基础设施的建设"以及将农村地区的森林转变为休耕地和草地。木材非法开采也关乎土地问题。2019 年，非法采伐占林业产业的近 40%，价值 8 亿美元。因此，有必要研究加蓬的森林保有权制度。

1899 年 3 月 28 日加蓬颁布历史上第一部林业成文法，规定了有关中部非洲殖民地森林资源开发特许权的分配条件与程序等。[①]该法令宣布"必须向合法经营者提供保护，使其免受当地代理人的任意行为"，并"允许合理开发"。独立之初的土地法仅阐明森林归国家所有，并未进行详细规定。1982 年 7 月 22 日，加蓬首部《关于水资源与森林法》第 82-01 号法令颁布。[②] 2001 年 12 月 31 日第 2001-16 号法令废除了 1982 年法令。2007 年新的修正案

---

① Décret du 28 mars 1998 fixant le régime forestier.

② Loi N°1/82 du 22 Juillet 1982 d'orientation en matière des Eaux et Forêts.

在保留大部分内容的情况下，也根据新形势的要求进行了重大修改。首先，该法适用于水利和林业部门，由 298 条法条组成，分为两大部分，即一般原则和森林资源的可持续管理。一般原则包括基于生态保护与发展、生物多样性保存、资源清查与管理以及生产的规律性和可持续性等原则进行森林、野生动物和渔业资源的合理开发。这项政策由水利和林业管理局执行。森林财产包括永久国有森林财产，由分类国有森林和注册生产性国有森林组成，以及农村森林财产，其使用权留给村庄社区。所有森林都是国家的专有财产，必须成为管理计划和工业化计划的主体。除行使使用权外，林产品的开采和采伐都需要授权和开采权。出于管理目的，森林财产分为多个区域，第一个保留区域仅供国家使用。在野生动物的开发、保护和保育方面，一方面区分国家森林分类中的保护区（综合自然保护区、保护区、国家公园、野生动物保护区、动物园和狩猎区）；另一方面，国家森林内的野生动物开发区，依法享有狩猎权并接受法律监管。计划将动物物种分为完全保护、部分保护和非保护物种。禁止对自然保护区进行特许使用，但允许在公园和狩猎区内开展旅游活动，并且必须仅由狩猎导游进行。木材及其副产品的加工活动及其营销，以及习惯使用权的行使也受到监管。

首先，确定森林法的目标。森林法的目标包括五个方面。第一，引入一种在拍卖过程后授予特许权的新制度，以提高透明度；第二，扩大特许权面积，但减少采伐时间，以便加快开采；第三，改革与特许权和木材加工相关的税收制度；第四，刺激地方一级的加工能力，以便至少 75% 的木材在出口前经过加工；第五，将生产配额分配给不同的公司。

其次，肯定国家所有权。国家拥有加蓬的所有森林，权利仅限于使用权。在 2001 年和 2007 年森林法中，所有国家森林的所有权都是明确的，确认了 1963 年第 63-14 号法令的规定。2001 年第 2001-16 号法令第 13 条规定"（所有）森林属于国家森林范围，构成国家的专有财产"①。因此，所有其他森林权利都减少了，包括获取和享受的权利，只有在政府授权允许的情况下才能行使这些权利。正如在 1987 年法令中详细说明的那样，传统森林和自然资源使用者不需要获得使用森林的许可证，只要其使用仍然严格按照惯例并限制在法律或后续法规规定的范围内（第 13 条和第 14 条）。②

再次，部分确保农村社区的森林权益。2001 年森林法还规定社区有权在农村森林土地内建立习惯法下的社区森林。根据第 156 条规定，社区森林是分配给村庄的农村森林面积的一部分，旨在根据简化的管理计划开展自然资源可持续管理的活动或动态过程。③ 而且，根据上述规定由于所有森林都属于国家，因此这种分配只能用于使用或管理目的。根据第 157 条和第 162 条规定，一个村庄、一组村庄或一个州可以向省水利和森林监察局局长提交森林状况报告和计划，请求建立社区森林，森林面积不得超过

---

① Art. 13, Loi N° 016-01 du 31 décember 2001 portant code forestier en République gabonaise.

② Art. 13, 14, Loi N° 016-01 du 31 décember 2001 portant code forestier en République gabonaise.

③ Art. 156, Loi N° 016-01 du 31 décember 2001 portant code forestier en République gabonaise.

5000 公顷。^① 根据第 159 条规定，农村社区森林区域的划定、分类和安排由水和森林管理局负责，并且免费。^② 第 2008-011/PR 号法令在上述法律的基础上增加了一些内容。"当地社区"的定义已得到扩展，以确保其包括村庄社区和土著社区。根据习惯法获得的产品也可以出售，因为它们被定义为来自"经济使用权"。根据修订后的第 252 条规定，当地村民有权行使习惯使用权，用于满足当地个人或集体的需要，特别包括使用树木用于建设用材、枯树或树枝作为柴火；次生林产品采伐，如树皮、蘑菇、药用或食用植物、藤本植物；人工狩猎与捕鱼；在草原和空地放牧并用树枝和树叶作为饲料；从事自给性农业；放牧和用水权。而且，习惯使用权用于经济目的，特别是用于减贫目标，可以根据规定的方法进行。^③ 由于登记成本高昂，加蓬所有社区森林迄今为止都是通过外部融资创建的。此外，社区将森林开发委托给第三方并获取特许权使用费的情况很常见。

第四，关于木材工业的规定。2008 年修正案第 001 号令最重要的条款是对 2001 年法律第 10 条的修改，规定生产林必须占国

---

① Art. 157, 162, Loi Nº 016-01 du 31 décember 2001 portant code forestier en République gabonaise.

② Art. 159, Loi Nº 016-01 du 31 décember 2001 portant code forestier en République gabonaise.

③ Article 252, Ordonnance Nº 11/2008 du 25 juillet 2008 modifiant et complétant certaines dispositions de loi Nº 016-01 du 31 décember 2001 portant code forestier en République gabonaise.

家森林财产的 40%。^① 2009 年 11 月 5 日加蓬总统决定，自 2010
年起禁止原木出口，只允许出口经加工的木材（主要包括锯材、
贴面板和胶合板），并于同年设立恩考克经济特区（Nkok Zones
économiques spéciales），后改名为恩考克特别投资区，入驻数十家
木材加工企业。

第五，关于国家森林保护区的规定。2007 年《国家公园法》
（*Loi N°003/2007 du 27 août 2007, relative aux parcs nationaux*）取代
2001 年森林法中有关国家公园的规定。这是加蓬保护其包括森林
在内的自然资源的最主要成就。2007 年法律规定重要保护区免于
授予特许权，而且第 4 条规定国家公园的创建、分类或解除分类，
全部或部分地考虑到当地社区的习惯权利。^② 第 10 条再次明确了，
在开展活动期间保护自然和文化遗产以及习惯使用权的条件。^③ 第
21 条规定管理计划必须与社区协商制订^④，第 45 条规定公园管理部
门必须成立地方管理咨询委员会^⑤。根据第 3 条、第 13 条和第 19
条规定，公园周边地区的社区也可以通过与公园管理部门签订保
护区管理合同，更直接地参与国家公园的管理、保护与利用。此
类合同旨在促进经济利益，造福当地社区，并鼓励当地人投身环

---

① Ordonnance N° 11/2008 du 25 juillet 2008 modifiant et complétant certaines
dispositions de loi N° 016-01 du 31 décember 2001 portant code forestier en
République gabonaise.

② Art. 4, Loi N°003/2007 du 27 août 2007, relative aux parcs nationaux.

③ Art. 10, Loi N°003/2007 du 27 août 2007, relative aux parcs nationaux.

④ Art. 21, Loi N°003/2007 du 27 août 2007, relative aux parcs nationaux.

⑤ Art. 45, Loi N°003/2007 du 27 août 2007, relative aux parcs nationaux.

境保护之中。[1] 关于社区权益的保障，在周边地区，习惯使用权的行使，特别是捕鱼、狩猎、屠宰和捕获野生动物、农业和林业活动、采集植物、收集矿物或化石等是自由的，但必须遵守现行法律和法规。

三、当代加蓬的土地管理制度

当代加蓬土地管理制度同加蓬的中央与地方之间的权力划分密切相关。整体而言，加蓬的土地管理，其核心的分配仍主要由中央政府进行，尽管自 20 世纪 90 年代中后期加蓬重启权力下放进程。

（一）国家土地管理制度

在加蓬，实际上土地分配程序完全由中央政府控制，由部长理事会通过法令进行分配，有关土地登记和保护的整个程序集中在利伯维尔。不过，地籍则实现了部分去中心化。在国家一级，加蓬的土地管理涉及多个行政部门，包括负责自然资源（矿山、水和森林、农业）和土地管理的行政部门。土地管理部门也有多个，包括土地总局、土地保护局（直接隶属于共和国总统）、地形工程和地籍局（具体取决于住房和城乡规划部）。迄今为止，土地分配是多个行政部门共同承担的责任，每个行政部门在行动时都较少考虑其他行政部门。2012 年成立的国家城市规划、地形工程和地籍局（Agence nationale de l'Urbanisme, des Travaux Topographiques et

---

[1] Art. 3, 13, 19, Loi N°003/2007 du 27 août 2007 relative aux parcs nationaux.

du Cadastre），具有法人资格、行政自主权与财政管理权，是国家
在土地事务上执行公共政策的重要工具，其使命是：制定发展和城
市总体规划和土地使用规划；对建筑空间的布置；控制土地占用的
规律性；审查建筑许可文件；检查拆除许可证文件；颁发细分许可
证；保留区域的保护；地籍图的构成和分配文件的处理；创建土地
所有权文件的指导；确定已建和未建土地的税基；准备国有土地转
让和租赁契约。在范围上，原来负责全国范围，但是鉴于能力有
限，活动重点是利伯维尔及其周边地区。

　　为了最大程度地提高规划和土地利用，减少土地冲突，加蓬
2017 年 7 月 17 日第 00212/MEPPDD 号法令制定了适用的组织框
架，成立了国家土地分配委员会（Commission Nationale d'Affectation
des Terres）并规定其职能与实施范围。第 1 条规定，由负责可持
续发展的部长监督。该委员会主要任务是制订国家土地分配计划。
因此，根据第 2 条规定，它主要负责：收集与国家领土上的土地
利用有关的所有信息；与地方当局和民众进行协商；根据加蓬紧急
战略计划的目标收集行政部门对土地的需求，以提出更好的土地
分配建议；制定并公布全国土地配置规划；过渡阶段制定有关用地
冲突的技术意见。① 第 3 条规定，该委员会还负责监督和界定领土
的使用，以保证社会经济活动的兼容性、环境完整性和自然资源
管理的优化。② 该委员会由所有与土地问题有关的行政部门的代表

① Art. 1, Décret N°00212/MEPPDD du 21 juillet 2017 portant création et organisation de la Commission Nationale d'Affectation des Terres.

② Art. 3, Décret N°00212/MEPPDD du 21 juillet 2017 portant création et organisation de la Commission Nationale d'Affectation des Terres.

组成，主要包括负责可持续发展部，国防部，内政部，紧急战略计划协调办公室，经济局，卫生局，国土规划署，能源局，水利资源局，农业局，农村发展局，矿务局，碳氢化合物局，林业局，环境局，城市规划及土地发展署，国家数字基础设施和频率局，加蓬空间研究和观测局，国家城市规划、地形工程和地籍局，重大基础设施工程局，自然保护局，法律委员会，国家气候委员会，海商局，海洋法司，以及国家渔业和水产养殖局等。

（二）地方政府的土地管理角色

自 1996 年起，加蓬开始了新的权力下放进程。1977 年 12 月 28 日关于加蓬领土行政单位组织与运行的第 1394-PR/MI 号法令[1] 经 1996 年 6 月 6 日第 96-15 号组织法修订，该法令涉及权力下放的行政改革。[2] 该法包括 267 条条款，规定了地方当局的权力。此次权力向地方政府的转移是影响重大的。根据第 235 条规定，权限转移领域包括土地使用规划、卫生、社会保障、土地登记、住房、环境、城镇规划、文化、旅游、村庄水利、生活设施、道路、城市、城际和省际交通、农渔牧和采矿业。[3]

根据第 4 条，加蓬境内的地方行政单位包括省、城镇、乡镇以及其他特定法律规定的地方行政机构，它们均享有财政自主权和法人资格。[4] 其中，省是最高级别的地方行政单位，下辖市级

---

[1] Décret N°1394/PR-MI du 28 décembre 1977 portant organisation et fonctionnement des unités administratives territoriales.

[2] Loi organique N°15/96 du 6 juin 1996 Relative à la décentralisation.

[3] Art. 235, Loi organique N°15/96 du 6 juin 1996 Relative à la décentralisation.

[4] Art. 4, Loi organique N°15/96 du 6 juin 1996 Relative à la décentralisation.

行政单位。每个地方行政均在特定区域内享有权威。地方当局均有审议机构和执行机构。审议机构由民选官员组成，任期为五年。在农村地区，每个省设置省级理事会以及乡镇理事会。目前，加蓬全国共有 9 个省，下辖 48 个州、27 个专区、150 个区、737 个镇、2423 个自然村。在土地方面，省与市均拥有国有土地，可以进行相对自主的控制和管理。省负责管理有关土地登记的事务，并享有专属本省管辖范围的森林资源开发权。比如，在农业土地的分配方面，根据 2008 年 12 月 10 日关于可持续农业发展政策的第 2008-23 号法律规定，农业部门负责人应根据省长的指示，为各部门制定农业总体规划。[①]城镇与乡镇则各自负责所辖城镇或乡镇内的土地登记事务，参与授予第四类土地（传统住房区）占用许可证的分配，享有土地税收收入、由国家缴纳的已建成和未建成土地的税收、专有许可证收益以及地方税收。在自然管理方面，则享有分配市属森林开发配额以及管理位于市辖区的森林的权力。另外，专有区（l'Arrondissment）享有公法法人实体身份，拥有财政自主权，主要负责管理以市政名义登记的土地。

四、当代加蓬土地改革的最新进展

自 20 世纪 90 年代以来，加蓬各界一直在谈论引入新的更公平有效的资源管理以及全力保障计划。一些早期土地法律进入多项法令，得到确定或修改。但有关土地的立法基础自此以来并未发生实质性改变。面对土地制度无法充分应对当代与空间治理

---

① Loi N°023/2008 du 10 décembre 2008 portant politique de développement agricole durable.

和国家粮食主权相关的问题，加蓬政府在技术和金融合作伙伴的支持下，自 2011 年 12 月以来采取了一系列行动，推进负责任的土地管理建设。主要涉及《加蓬崛起战略计划：2025 年愿景和 2011—2016 年战略方向》（ *Le Plan Stratégique Gabon Emergent: Vision 2025 et Orientations Stratégiques 2011—2016* ）、《国家粮食安全和营养政策：2017—2025 年愿景和实施》（ *La Politique Nationale de Sécurité Alimentaire et Nutritionnelle 2017—2025* ），其中部分内容涉及土地改革。

（一）新兴战略计划

为了弥补石油产量下降和市场波动，加蓬政府自 2009 年以来试图通过《加蓬崛起战略计划》实现经济多元化。通过该计划，加蓬希望发展可持续森林管理和开发农业潜力，以保障粮食安全。

《加蓬崛起战略计划》是一份具体化执行文件，阐述了实现该方法的战略方向、计划和行动。该计划提出了加蓬的发展愿景，即到 2025 年成为可持续发展的典范，协调人类福祉、社会公平、可持续增长和环境保护。为了加强其粮食主权，加蓬计划在城郊地区发展粮食作物（块茎、水果和蔬菜、商品园艺产品）的小规模生产以及短周期畜牧业。在提高农业、林业和渔业生产力以及可持续发展的背景下，该计划建议制订农牧业部门计划，其中提出了以下举措：（1）重组国家农村发展办公室（l'Office National de Développement Rural），该办公室必须负责农业部门重大发展项目、基础设施和发展的项目管理。（2）建立技能中心，旨在加强农业培训和研究体系。（3）支持农业基础设施发展项目——非洲新稻种植（projet d'appui au développement des infrastructures pour la culture du Riz Nerica），整合经过培训的新参与者并大面积实践更专业的农业种植，发展集约化粮食生产。（4）促进渔业资源的可持续开发和发展。（5）建立基础设施，用于渔业产品的卸货和加工。

（二）国家粮食和营养安全政策

《国家粮食和营养安全政策》，建立在以下原则之上：充足的营养和饮食是一项普遍人权；有效的伙伴关系和多部门协调；将营养重新定位为发展因素；性别和所有特别针对的弱势群体；各级资源和干预措施的下放；民众的赋权和参与；基于证据和问责制扩大干预措施；预防原则的应用。《国家粮食和营养安全政策》的愿景如下：到2025年，加蓬为其所有人口提供粮食和营养安全，使他们能够积极参与国家的发展。

具体而言，该政策旨在：通过可持续增加动物、渔业、狩猎和非森林产品农业生产来提高安全自主性；增加针对营养的干预措施，促进其整个生命周期的最佳营养，特别是因为它与孕产妇健康和儿童生存有关；增加对营养敏感的干预措施，以解决营养不良的根本问题；加强粮食和营养安全方面的治理；建立国家粮食与食品安全政策的沟通策略和实施、协调、监测和评估机制。这五个具体目标分别对应着五个战略轴。为了解决粮食和营养安全问题，2017—2025年国家粮食和营养安全政策打算通过相应部门的努力改善粮食和营养安全，降低食品的物价，并促进健康和可持续的饮食。

第六章　当代尼日尔土地制度改革

尼日尔地处西非萨赫勒地区，总面积为 126.8 万平方公里。尼日尔大部分地区自然条件恶劣，北部属热带沙漠气候，南部属热带草原气候。非洲第三大河流尼日尔河流经尼日尔西南部，长达 550 公里的沿河两岸是尼日尔主要农业区，也是其政治、经济和文化活跃的中心地带。尼日尔是多民族国家，主要族群包括豪萨族（Hausa），占全国人口的 53.0%；哲尔马 - 桑海族（Zarma-Sonrai），占全国人口的 21.2%；颇尔族，占全国人口的 9.9%；图瓦雷格族（Touareg），占全国人口的 10.4%。[①] 该国是世界上最不发达的国家之一，人类发展指数仅排在第 189 位。该国的特征是庞大的人口压力和高人口增长率，是世界上人口增长率最高的国家之一，人口从 1960 年的 350 万增加至 2021 年的 2525 万。尼日尔经济基础薄弱，结构单一，市场规模较小，经常受自然灾害、国际市

[①]　对外投资合作国别（地区）指南编制办公室:《对外投资合作国别（地区）指南：尼日尔（2023 年版）》，商务部对外投资和经济合作司、商务部国际贸易经济合作研究院、中国驻尼日尔大使馆经济商务处，第 9 页。

场以及国内安全形势的影响。农牧林业是尼日尔最主要的经济部门，2019 年尼日尔农业增加值为 30.4 亿美元，占国内生产总值的 23.5%。80% 以上的尼日尔人从事农业。尼日尔有可耕地 1723.89 万公顷，其中已耕地 588.29 万公顷，基本集中在尼日尔河沿岸，呈现高度集中的特点。该国粮食生产很不稳定，深受气候变化与自然条件的影响，经常面临粮食短缺问题。畜牧业增加值占国内生产总值比重约 8.3%，畜牧业出口约占总出口的 7%。全国从事畜牧业的人口超过 100 万。从政治来看，该国基本沿袭法国的行政管理体制和法律法规体系，宗教和部族首领在国家政治生活中发挥着重要作用。[①] 而且，自 1960 年独立以来尼日尔经历多次军事政变。由于资源有限，国家机构运行非常依赖国际援助。从土地特征来看，由于人口大幅增长以及特别脆弱的环境条件，该国在土地与自然资源的获取、开发和管理方面面临巨大压力。其中尤为突出的是农牧民之间、外来者与原住民之间的重大冲突。而且，城市地区快速扩张导致对城郊土地的投机增加，土地规划问题日益突出。因此，有必要研究这个具备典型性与特殊性的萨赫勒地区国家的土地制度变迁。

一、独立初期尼日尔土地制度改革

在尼日尔，与西非的大多数前法国殖民地一样，19 世纪末

---

① 对外投资合作国别（地区）指南编制办公室：《对外投资合作国别（地区）指南：尼日尔（2023 年版）》，商务部对外投资和经济合作司、商务部国际贸易经济合作研究院、中国驻尼日尔大使馆经济商务处，第 2—3 页。

和 20 世纪初殖民统治的建立，导致原有土地保有权制度以及传统管理方式发生重大转变。这一转变是通过 1928 年国家公产创建和 1932 年法属西非土地所有权制度的颁布而确立的。1959 年 7 月 11 日通过了第 59-11 号法令（Ordonnance Nº59-113 PCN du 11 juillet 1959, portant réglementation des terres du domaine privé de la République du Niger），对国家私产土地进行了界定，是尼日尔私产土地的主要法律规范。该法在独立前几个月通过，但依然适用独立后的尼日尔。该法主要涉及授予国家私产土地以及城镇细分计划的特权。该法具有具体的操作目标，侧重农村地区土地的开发以及城市与工业的协调发展。但是，该法没有提供界定国家与地方当局私产土地的原则与标准，而且也没有进行土地类型的划分。

（一）迪奥里时期土地政策

1960 年尼日尔宣告独立。阿玛尼·迪奥里（Hamani Diori）担任首任总统，一直执政至 1974 年。迪奥里政府将发展经济作为其首要任务，为此制定了国家发展计划和政策的总方针。发展计划制定了五个目标，积极发展农业被列为第一目标。当时尼日尔 90% 以上的居民从事农牧业，其产值占到国民生产总值的 70%。[1]独立初期的土地以及农业发展政策总体上延续了殖民时期的法律规定，即在缺乏农业与畜牧业资源的情况下，坚持农产品的出口

---

[1]　彭坤元:《列国志·尼日尔》，北京:社会科学文献出版社，2006，第 70 页。

导向政策，重点发展花生和棉花等经济作物，以及开发畜牧业资源，增加国家的外汇来源。

首先，关于国有土地的规定。1959 年 7 月 11 日第 59-113/PCN 号法令，用于规定尼日尔国家私产土地。[1] 它制定了有关国有私产土地转让、租赁以及将其分配给公共服务或公共当局的规则。这部法令规范了农村土地的特许权。1960 年 5 月 25 日，颁布了第 60-28 号法令，用于规范公共当局进行水利农业开发和管理的条款和条件。[2] 对在以尼日尔国家名义下注册的土地进行开发，以及未在国家名义下注册的土地的开发存在争议。1961 年 7 月 19 日第 61-30 号法令，废除了 1925 年关于确定法属西非人民土地权方法的法令，规定了确认和征用习惯法下土地权的程序，从而确定了这些传统权利存在及其范围。[3] 1962 年 3 月 12 日第 62-07 号法律废除了传统酋长控制的土地上的什一税，降低了农民的负担，削弱了传统酋长的影响力。[4]

其次，关于畜牧业的规定。1928 年 9 月 29 日颁布的法属西非公有领域法令（Décret modifié du 29 septembre 1928 portant réglementation du domaine public et des servitudes d'utilité publique），

---

① L'ordonnance N°59-113/PCN du 11 juillet 1959 portant réglementation des terres du domaine privé de la République du Niger

② La loi N° 60-28 du 25 mai 1960 fixant les modalités de mise en valeur et de gestion des aménagements hydro-agricoles réalisés par la puissance publique.

③ La loi N° 61-30 du 19 juillet 1961 fixant la procédure de confirmation et d'expropriation des droits fonciers coutumiers

④ La loi N° 62-07 du 12 mars 1962 portant suppression de la dîme et de l'achoura sur les terres contrôlées par les chefs traditionnels

对国有公共土地进行了定义。因此，该法令相对较旧，一般很少应用。其第 1 条规定了国有公共土地的概念，但没有规定对国家公产土地及其建筑物的具体分类原则、标准或程序，而且，也没有规定有关个人占用国家公产土地的特别程序，这些程序取决于总督的决定。1959 年 10 月 29 日第 59-123 号法令设立国家委员会，负责确认农作物耕种区的牲畜走廊路线，以降低农民和饲养者之间冲突的风险，从而允许牲畜不断迁徙。1961 年 5 月 27 日颁布了第 61-005 号法令，对畜牧区和耕作区做了规定。该法令禁止在 350 毫米等雨量线以下进行农业活动，不过牧民和绿洲租屋的自给粮食生产是许可的。此外，动物在该地区对农作物造成的损害不予赔偿。同时，第 61-006 号法令对畜牧区的现代化做了规范，旨在提高产量。[1] 1961 年 7 月 25 日第 61-159/MER 号、第 61-160/MER 号、第 61/161/MER 号法令和 1962 年 7 月 14 日第 62-161/MER/MASN 号法令，创建了四个牧场作为牧业现代化区。1970 年 9 月 18 日通过的第 70-19 号法律制定了牲畜法典。[2] 该法典禁止公开和不必要的虐待动物，并规定了与防治动物疾病有关的规则。

（二）孔切时期的土地改革

1974 年 4 月 15 日，孔切中校发动军事政变。17 日，组建最高军事委员会和由 12 名军官组成的共和国临时政府，孔切中校担

---

[1]　La loi Nº 61-006 du 27 mai 1961, érigeant en zone de modernisation pastorale la zone sahélienne d'élevage située au nord de la limite légale des cultures.

[2]　La loi Nº70-19 du 18 septembre 1970 portant code de l'élevage.

任最高军事委员会主席和国家元首。为了推动社会经济发展，孔切政府先后制定和实施了 1976—1978 年的三年计划和 1979—1983 年的五年计划，其发展总方针是"寻求粮食自给、建立发展社会、寻求经济独立"[①]。1973—1974 年的严重干旱以及随之而来的饥荒暴露了当时尼日尔生产系统的不可持续性与不安全性，特别是无法确保该国民众的粮食需求。因此，确保粮食自给自足，开拓新农业耕作区和推广农村合作社成为政府的首要任务。

　　由于农村经济的快速发展，以及出口所带来的大量财政资源，加强了尼日尔政府的干预能力。对内投资不断增加，开发项目全方位展开。其中关键的举措之一是控制农业生产最关键的资源——水资源。与此同时，尼日尔政府选择进行重大农业水利建设，并继续开发当时现有资源的生产力。孔切政府的举措类似于迪奥里政府时期，一方面削弱传统领导人的政治和经济权力，另一方面为巩固使用权持有人和租户的权利而制定了各种程序。孔切政府试图通过改善无地农民土地使用权的举措来改变产权归属方式。1974 年 12 月 18 日，孔切总统声明授予无地农民对其耕种的土地所有权，而不考虑最后获得这些土地的条件："从此声明起，已由某一特定经营者以某种身份开发的任何田地，仍由该经营者永久支配，无论其最初获得的所有权如何。"

　　正是在这种"抗击萨赫勒地区干旱"的国家和国际多方面努力中，尼日尔的"农村法典"诞生了。1978 年，尼日尔颁布了新

　　[①]　彭坤元：《列国志·尼日尔》，北京：社会科学文献出版社，2006，第72 页。

的《土地使用法》。根据该法规定，国家享有土地所有权，并基于全体尼日尔人民的利益进行管理。关于外资企业获得土地方面，该法没有特别规定，任何人可在当地自由买卖土地，可以在自己购买的土地上修建各种建筑物（事先报经有关市政部门批准），使用年限没有限制。

自 1982 年起，全球铀需求下降导致尼日尔财政受到严重影响，农业生产则因为 1983—1984 年的严重干旱而陷入停滞，石油成本飙升引发了经济危机。危机的持续存在要求政府对其发展战略进行调整，包括农业与土地政策。尼日尔政府遂动员社会力量参与经济发展，国家逐步放手生产与商业领域，以实现所谓的内生发展的原则。尼日尔的土地政策也进入反思时期。1982 年在津德尔（Zinder）召开了"全国农村地区干预战略研讨会"（Le Séminaire National sur les stratégies d'intervention en milieu rural），首次提出在全国范围内应对挑战的政策、战略和发展计划。1984 年，在马拉迪（Maradi）召开的"关于防治荒漠化的全国辩论会"（Le débat National sur la Lutte contre la Désertification），注意到尼日尔北部地区恶化的荒漠化问题，建议建立农村能源战略以及注重水土保持、土壤保护等行动。1985 年在塔瓦（Tahoua）召开"关于畜牧业全国辩论会"（Le débat national sur l'élevage），对当时尼日尔的畜牧业做了诊断，分析其优劣，并制定相应的政策和战略，最终命名为"塔瓦行动计划"。为了给国家提供对自然资源可持续管理的战略框架，1986 年成立特设委员会（Comité ad hoc），负责反思农村法规。1989 年，由于其任务的重要性和复杂性，该委员会升级为全国农村法典委员会（Comité National du Code Rural），其任务是：（1）在统筹协调发展的框架内，对乡村空间管理体制进行全面反思；（2）提出土地使用管理和方式的法规草案，确保生态保护与经济发展平衡。1990年召开基第吉尔全国研讨会（Le Séminaire national de Guidiguir），负责评估农村法典委员会制定的农村法典指导原则的初稿，此次研讨会成为1993年制定第93-05号法律的转折点。该会议特别强调尼日尔面临的诸多挑战，比如耕地稀缺、土地枯竭以及休耕地减少、北方牧区作物面积增加、土地不安全与冲突，据此政府认为有必要建立一个动态框架，以适应尼日尔的人口变化与生产条件变化。

二、1993年《农村法典》

1991年，冷战结束，非洲的战略地位下降，所谓的新自由主义之风席卷全球，非洲也不例外。自此，尼日尔也走上了政治经济转型的道路。在1990年至1993年的民主转型过程中，尼日尔宏观经济失衡加剧，投资变得日益稀少。因此，当时的过渡委员会主要关注重大的政治经济问题，并没有办法处理长期存在的老大难的土地问题。后来，考虑到农村发展与土地问题密切相关，以及土地本身的重要性，关乎尼日尔人家庭内部之间、农民与畜牧业者之间、农民与农民之间、畜牧业者之间的关系，也影响当局与当地居民之间的关系。而且，随着气候变化以及尼日尔北部地区的环境恶化，土地问题的重要性更加凸显。土地问题被政府视为一个重大挑战。因此，尼日尔认为只能通过综合且连贯的方法应对土地问题，才能最终解决土地问题。这成为尼日尔顺利度过过渡期之后所面对的第一个重大政治经济问题。

关于农村土地政策的一系列讨论催生了《农村发展政策指导原则》的出台。1992 年 7 月 8 日,尼日尔通过了第 92-030 号法令（L'Ordonnance Nº 92-030 du 8 juillet 1992）,即《农村发展政策指导原则》（Les Principes directeurs d'une politique de développement rural）。该政策将土地管理确定为发展的障碍之一。尼日尔政府计划制定《农村法典》,作为实施国家土地政策的工具。该土地政策的目标是:有效管理自然资源,保护和恢复生态平衡;确保人们公平获得自然资源（土地、水、木材和牧场）;以可持续的方式解决土地冲突;确保农村生产者的土地权利,以促进其投资的发展和盈利。①

尼日尔政府于 1993 年 3 月 2 日颁布了第 93-015 号法令《农村法典》,确立了农村法典的定位原则（Les Principes d'orientation du Code rural）。该法令建立了管理农业、林业和畜牧业活动的法律框架。② 作为补充与完善,1997 年 1 月 10 日通过了规范农村自然资源开发的第 97-006/PRN/MAG/EL 号法令 ③、确立牧民区地位与制度的第 97-007/PRN/MAG/EL 号法令 ④ 以及负责实施农村法

---

① Ordonnance Nº 92-030 du 8 juillet 1992, fixant les principes directeurs d'une politique de développement rural pour le Niger.

② Ordonnance Nº 93-015 du 2 Mars 1993 portant principes d'orientation du Code Rural.

③ Décret Nº 97-006/PRN/MAG/EL du 10 janvier 1997 portant réglementation de la mise en valeur des ressources naturelles rurales.

④ Décret Nº 97-007/PRN/MAG/EL du 10 janvier 1997 portant modalités de reconnaissance et de gestion des droits d'usage prioritaire dans les terroirs d'attache des pasteurs.

典机构的组织、职责与运作的第 97-008/PRN/MAG/EL 号法令[①]。
1997 年 2 月 10 日颁布了规定农村档案（Dossier rural）中自然资源权利及其相关交易登记条款的第 97-367/PRN/MAG/EL 号法令[②]。

尼日尔试图构建一个统一的法律框架，将土地观念多元性与多样性统一起来。同时，该法令也是在非洲国家推行中央权力下放运动的背景下出台的。尼日尔《农村法典》是一个围绕两个相互补充的机制组织的务实的法律体系，包括关于自然资源管理的国家和地方的法律体系以及从国家到地方的执行与监督法律的制度体系。上述法律体系与制度体系构成了 1993 年《农村法典》的重大创新点，为其以比 1961 年 7 月 19 日第 61-30 号法律更具操作性的方式重申了习惯土地权的合法性，并更明确地考虑到了畜牧业者的具体需求。

第一，土地管理规范。1993 年《农村法典》从土地规划、环境保护和促进人类发展的角度制定了农业、林业和畜牧业活动的法律框架。它通过承认农村经营者的权利来确保他们的安全，并通过农村地区的合理组织来促进农村社会经济发展。该法详细说明了各种资源的开发含义，包括农田资源、牧区资源、植物资源、水力资源、动物资源。

关于自然资源的一般规范。（1）农村自然资源是国家共同遗

---

①　Décret Nº 97-008/PRN/MAG/EL du 10 janvier 1997 portant organisation, attributions et fonctionnement des institutions chargées de l'application des principes d'orientation du Code Rural.

②　Décret Nº 97-367/PRN/MAG/EL du 2 Octobre 1997 déterminant les modalités d'inscription des droits fonciers au Dossier Rural.

产（Patrimoine Commun National）的一部分。所有尼日尔人都可以不受歧视地使用它。（2）对自然资源行使的权利受到平等保护，无论这些权利源自实在法还是习惯法。（3）任何从事乡村活动的人都必须为自然遗产的发展做出贡献。这种发展涉及资源的合理管理（保护和优化）。（4）农村地区及其资源的组织由主管当局与有关人口协商确定。①

关于农业土地的规范。（1）农业区是位于1961年法律规定的农作物种植最北界以南的国家领土的一部分。它受私有财产制度的管辖。（2）土地所有权是通过习惯法或实在法获得的。无法建立产权的土地被视为空置土地，属于国家或分散的社区。（3）道路、游牧轨道和走廊以及牧区属于国有土地，在农业区开展活动的饲养者有权自由进入这些区域。（4）每年省长根据不同雨养作物的收获日期确定开田日期后，牲畜可以在农业区自由放牧。（5）农地所有者享有对其财产的专属控制权，并在现行法律和法规（特别是与农村地区发展和环境保护有关的法律和法规）框架内行使这些权利。②

关于牧区土地的规范。（1）牧区是位于1961年法律规定的作物限制以北的国家领土的一部分，属于国有土地。（2）牧民（牲畜的所有者或饲养者）有权自由使用牧区的自然资源；他们有共同使用该空间的权利。（3）牧民无权在牧区开垦田地，种植自给作

---

① Art. 4,5,6,7, Ordonnance Nº 93-015 du 2 Mars 1993 portant principes d'orientation du Code Rural.

② Art. 9,10,11,12, Ordonnance Nº 93-015 du 2 Mars 1993 portant principes d'orientation du Code Rural.

物除外。这些作物必须以流动方式种植，以避免未来被占用。如果动物在这些区域对作物造成损害，则无法进行赔偿。（4）牧民可被授予对其"习惯区"（Terroir d'attache）自然资源的优先使用权。[1]

关于水资源的规范。（1）水是属于国家领域的战略资源。因此，以下内容属于公共领域：河流、湖泊、池塘、泉水、地下水等；私人土地上的雨水或雨水形成的池塘不属于国家所有。（2）人人有权使用和处置公共领域的水资源。（3）所有人均可免费使用国家或地方当局精心开发的公共设施。在所谓的"私人"井的情况下，水主要由打井者使用，但仍然是非排他性的。（4）未经主管当局批准，不得在国家领土上打井，不得进行水利开发，无论是农业区还是牧区。[2]

关于森林资源的规范。（1）所有含有树木、灌木和其他非农业植物的区域均被视为森林。（2）在分类森林中，习惯权利包括采集枯木、采集制造农具所需的木材、收获水果和药用或食用植物。放牧或动物的通行在那里受到管制。（3）所有未分类的森林都称为"受保护的森林"。习惯使用权包括林产品的种植、放牧和采集。[3]

---

①　Art. 24,25,26,27, Ordonnance N° 93-015 du 2 Mars 1993 portant principes d'orientation du Code Rural.

②　Art. 45,46,47,48, Ordonnance N° 93-015 du 2 Mars 1993 portant principes d'orientation du Code Rural.

③　Art. 59,60,61,62, Ordonnance N° 93-015 du 2 Mars 1993 portant principes d'orientation du Code Rural.

关于野生动物和渔业资源的规范。（1）狩猎，无论是习惯性狩猎还是商业性狩猎，都需要获得狩猎许可证。（2）捕鱼也是一项受管制的活动，必须持有捕鱼许可证或习惯使用权才能钓鱼。[1]

第二，土地管理机构。第 93-015 号法令及其实施文本设立了国家农村法委员会（Comité national du Code rural），该委员会是负责制定、推广和监督农村法应用的公共服务机构。[2]首先，国家层面。国家农村法委员会的使命是制定、推广和监督农村法指导原则的实施。该委员会汇集了 8 个部长（农业、畜牧业、环境、水利、区域规划、内政、司法、国防部），并接受农业部长的监督。在国家和大区层面，常设秘书处（le Secrétaire permanent du Code Rural）确保土地政策的实施。这个机制必须保证土地问题的横向管理。国家农村法委员会得到国家农村法常设秘书处的协助，这是实施 POCR 的真正关键。常设秘书处具有行政和技术职责，其使命是：制定农村法补充文本草案；建立农村土地文献中心和数据库；对《农村法典》实施机构的监督和评估。作为设计和指导国家土地政策使命的一部分，国家农村法委员会得到执行办公室和咨询委员会的支持。

其次，在省级、市级、城区级、村级或部落级，设立了合议的土地管理机构——土地委员会（Commission foncière），由总督、

---

① Art. 93,94,95,96,97,98,99, Ordonnance Nº 93-015 du 2 Mars 1993 portant principes d'orientation du Code Rural.

② Art.3, Décret nº 97-008/PRN/MAG/EL portant organisation, attributions et fonctionnement des institutions chargées de l'application des principes d'orientation du Code rural.

省长或市长主持①。该机构汇集了与土地问题有关的所有参与者：传统酋长、地方当局、民选官员、技术服务和用户代表。土地委员会拥有咨询权和决策权，需要他们出具意见来确定其管辖范围内的土地开发内容和开发农村特许权的程序。土地委员会有能力进行土地权利内容的承认和确立，并被赋予控制其管辖范围内土地开发的一般权力。他们的决定属于行政行为。在区域层面，土地委员会监督所有区域结构，并干预土地开发计划的制订过程。省土地委员会的职能包括监督市土地委员会的工作、为自己下辖市级和基层土地委员会的成员提供培训，以及为土地所有权申请者颁发地契。市土地委员会负责干预通道走廊、供水点和森林的识别，以及将这些资源记录并登记在农村档案中。基层土地委员会作为该体系的最后一环，作用非常重要，具体负责确保控制通道走廊、供水点的使用并下发各种土地证明，包括捐赠、销售、继承、租赁或习惯抵押。

同时，在省级、市级和区级设立国家农村法委员会与常设秘书处。前者隶属农牧业部管辖，负责建立、记录和监督农村法实施情况，帮助常设秘书处。后者隶属省长管辖，负责各省农村资源管理的技术问题。目前，尼日尔 266 个市镇中，214 个为乡村市镇，52 个为城市市镇，其中 4 个为特殊地位市镇，分别为尼亚美、津德尔、马拉迪和塔瓦。而且，该法承认了土地酋长的作用。尼日尔的特点是有一个相当特殊的地方政治制度。它赋予在农村

---

① Art. 118, Ordonnance Nº 93-015 du 2 Mars 1993 portant principes d'orientation du Code Rural.

地区拥有强大权威与影响力的酋长重要地位。根据第 2008-022 号
法令第 2 条规定："习惯社区被置于尼日尔共和国行政等级结构中，
受到对应级别国家代表的监管。"[①] 这意味着习惯社区不再置于地方
当局的管辖下。这些社区的管辖方既不是行政区，也不是地方当
局。它们由当选的传统酋长管理，充当地方相应级别的中继机构。
公认的地方当局（区和公社）拥有公共土地和私人土地，其中"包
括有偿或免费获得的动产和不动产"（第 2002-012 号法律第 174
条）。[②] 对于私人土地，它只能是以社区名义注册的财产。其中，
必须包括国家有偿或无偿转让的财产。这里必须记住，国家分配
给社区的财产不能纳入社区的私产土地，因为分配是"为特定目
的并在该目的期间提供"，因此，不存在所有权转移。对于国家公
共土地，从法律上讲，国家公共土地不存在所有权转让的可能性，
国家公共土地法和其他具体法律，比如林业法，则规定了一个精
确的排他性清单。

　　第三，土地所有权管理。第 93-015 号法令赋予土地委员会承
认个人土地权利的权力，并建立了承认这些权利的工具——农村档
案（Dossier rural）。档案包括两个单独的文件：整个农村地区的图
形文件，经土地委员会认可后成为土地权利的基础；由各个文件组

---

　　① Art. 2, Loi Nº 2008-022 du 23 juin 2008 modifiant et complétant l'ordonnance Nº93-028 du 30 mars 1993 portant statut de la chefferie traditionnelle en République du Niger.

　　② Art. 174, Loi Nº 2002-012 du 11 juin 2002, déterminant les principes fondamentaux de la libre administration des régions, des départements et des communes ainsi que leurs compétences et leurs ressources.

成的文件，每个文件均以权利所有者的名义记载。[①]该法令规定，根据习俗获得的土地所有权享有与成文法相同的保护，特别是当它已在农村档案中登记时。土地所有者应连续三年以上不间断地开发土地，土地开发缺失或不足不会导致土地所有者丧失所有权，但要将土地使用权转让给第三方。在农村档案中登记权利的程序结束后，将向申请人颁发登记证书。在实践中，《农村法典》公布了以下九种行为：习惯所有权证明、赠与证明、出售证明、租赁合同、借贷合同、习惯质押合同、所有权、优先使用权证明和农村特许权。程序结束时，土地契约成立。该行为属于行政行为。契约形式也是传统领袖所使用的形式。各级土地委员会通常都保存一份契约副本，有时会保存已签发文件的登记册。产权所有权由各部门土地委员会按照相同的程序确定并具有相同的法律价值。

第四，土地开发规划。实施《农村法典》的工具之一是第93-015号法令第127条至第129条规定的土地开发计划（Schéma d'aménagement foncier）。[②]土地开发计划是在区域层面制定的框架文件。该计划的基础是考虑当地的关切、看法和观点，规定实施国家方向政策的具体方式与时间安排。它制定了土地开发模式，其目的是明确"为各种农村活动分配相应空间以及在空间中行使其相应的权利"。土地开发计划必须成为具有法律效力的参考性文件。土地开发计划以研究为基础，并在允许农村人口及其代表干

---

① Art. 130, Ordonnance Nº 93-015 du 2 Mars 1993 portant principes d'orientation du Code Rural.

② Art. 127, Ordonnance Nº 93-015 du 2 Mars 1993 portant principes d'orientation du Code Rural.

预的公众调查后制定。它由部长会议颁布法令通过，其行动涉及五个主要方面：可视化发展动态；促进不同级别（国家、地区、部门和市）基于法律的决策；为有关农村自然资源管理的辩论创造空间；授权利益相关者参与决策并应用所做出的决策；在当地推广实施国家指南的方法。目前，尼日尔大区级别尚未设立土地开发规划，尽管已经在市一级进行了实验，并且一些大区已经参与了这一进程。这个过程漫长、复杂且成本昂贵。为了弥补土地开发计划的缺失，第 2010-029 号法令规定《农村法典》常设秘书处对牧区资源进行清查，从而允许将其归入公共领域，系统的清查应从 2015 年开始。

三、2010 年《畜牧业法》

2010 年尼日尔《畜牧业法》是自 20 世纪 60 年代以来尼日尔社会经济以及气候变化互动的产物。《畜牧业法》对尼日尔的牧区划分、牧区制度以及保护手段都做了较为具体的规定，提供了一个完整的畜牧业的发展与保护框架。但是，正如其他所有法律一样，《畜牧业法》的通过面临着严重的赤字。

（一）背景与进程

相比 20 世纪 60 年代，当今尼日尔畜牧业面临更为严峻的牧业资源不稳定的情况。在尼日尔，由于南方农业产区产量下降和作物种植面积不断扩大，农业用地需求非常庞大，休耕地减少甚至消失，再加上北方荒漠化的区域不断扩大，农民与饲养者之间的冲突不断恶化。而且，其他因素也大大限制了两者之间的回旋余地以及适应策略。所以，非常难以预测的气候条件以及自然、经济、社会和政治限制促使尼日尔制定牧区适应机制，以应对土地退化、人口压力以及牧区和森林地区的稀缺。尼日尔各界普遍认识到，游牧业是其人民、社区和国家的主要收入和福祉来源之一，是当代和子孙后代必须保留的一种生活方式和生产方式。

1997 年 1 月 10 日第 97-007 号法令的通过，确立了牧民"畜牧区"的地位。[①] 1998 年启动的牧区立法进程经历了一段混乱的过程。1998 年制定了《牧区法典》的第一版职权范围。2000 年，第二版职权范围得以制定，并提交给主要利益相关者阅读。他们在四年多的时间里阅读、制定和修订了该职权范围。2004 年召开了国家研讨会来审查职权范围的版本，最终将其提交给磋商议程。该进程在 2004 年 8 月至 2005 年 7 月受阻。随后，与各参与者和机构进行了大规模磋商，旨在收集不同群体"关于与畜牧活动有关的限制因素的观点，并确定可作为未来畜牧业的立法和监管文本基础的要点"。

2010 年 5 月 20 日，尼日尔通过了关于畜牧业的第 2010-029 号法令。[②] 为了促进畜牧业立法的有效实施，畜牧业部长于 2010 年 11 月 20 日通过了第 38/MEL/GG 号命令，成立委员会，负责普及与畜牧业有关的法令并制定实施细则。[③] 2013 年 1 月 23 日

---

① Décret N° 97-007PRN/MAG/EL du 10 janvier fixant le statut des terroirs d'attache des pasteurs.

② Ordonnance N°2010-029 du 20 mai 2010 relative au pastoralisme.

③ Arrêté N°38/MEL/GG du 20 novembre 2010 portant création du comité chargé de la popularisation de l'ordonnance relative au pastoralisme et de l'élaboration de ses textes d'application.

第 2013-003/PRN/MEL 号法令确定了负责调解农民和饲养者之间冲突的联合委员会的运作方法。[①] 2013 年 1 月 23 日第 2013-028/PRN/MEL 号法令，确定了国家牧区和牧区资源清查的实际安排。[②] 2016 年 6 月 29 日第 2016-306/PRN/MAG/EL 号法令确定了适用于游牧小道和走廊的标准。[③] 2016 年 9 月 16 日第 2016-510/PRN/MAG/EL/ME/DD 号法令规定了在全国范围内收集、储存和销售秸秆的条件。[④] 实际上，这项法律尚未得到应用，因为出售秸秆正在成为一项有利可图的活动。所以，《畜牧业法》的制定是与国家代表、非政府组织和项目、技术和金融合作伙伴、地方民选官员、传统酋长、农业生产组织与牧民进行广泛协商和举办多次国家和区域研讨会的结果。

（二）尼日尔的牧区规定

萨赫勒—撒哈拉气候下的牧区面积约为 6200 万公顷，介于

---

① Décret N°2013-003/PRN/MEL du 4 janvier 2013 déterminant les modalités de fonctionnement des commissions paritaires chargées de la conciliation dans le règlement des conflits entre agriculteurs et éleveurs Niger.

② Décret N°2013-028/PRN/MEL du 23 janvier 2013 déterminant les modalités pratiques de l'inventaire national des espaces pastoraux et des ressources pastorales.

③ Décret N°2016-306/PRN/MAG/EL du 29 juin 2016 déterminant les normes applicables aux pistes de transhumance et aux couloirs de passage.

④ Décret N°2016-510/PRN/MAG/EL/ME/DD du 16 septembre 2016 fixant les conditions de ramassage, de stockage et de commercialisation de la paille sur toute l'étendue du territoire national.

该国南部等雨量线 300 毫米和北部地区 100 毫米之间。它延伸到两个主要的生物气候区：北部的牧区和南部的农业区。它包括用于农业、畜牧业和林业的土地，以及已开发的土地、分类土地和所谓的空置土地。根据尼日尔第 2010-029 号《畜牧业法》，畜牧业土地分为主要牧区（Le foncier pastoral principal）、中转牧区（Le foncier pastoral de transit）和特殊牧区（Le foncier pastoral de circonstance）。

第一，主要牧区。包括北部牧区、牧场、围牧区、国有森林保护区、低洼湿地牧区以及属于国家和地方当局公共领域的地表水覆盖区。北部牧区位于撒哈拉以南和萨赫勒北部地区，萨赫勒—撒哈拉气候在 100 毫米至 300 毫米等雨量线之间。它涵盖了 1961 年 5 月 26 日第 61-05 号法律所定义的农作物种植北部界限以外的国家领土，并由 2010 年 5 月有关畜牧业的第 2010-029 号法令第 7 条予以补充。这是传统畜牧生产系统的首选地区，粗放的畜牧业构成了人们的主要活动。考虑当前权力下放和气候变化的背景，该法律禁止"所有新的冬季作物和种植者团体的设施"。牧场通常是传统上专门为放牧保留的区域。围牧区则根据 2010 年《畜牧业法》规定专门预留，一般是指位于雨养耕作区的放牧区域。森林保护区是指根据尼日尔森林法规定的非私人占有的国有森林保护区，在此区域放牧属于习惯使用权的一部分，只要行使这一权利不影响对森林的开发即可。所以牧民有义务遵守有关保护森林物种的规定。低洼湿地牧区则位于洪水泛滥的湿地牧区，主要是以光头稗为栖息地。此次将地表水纳入国有土地领域。

第二，中转牧区。该牧区涵盖了进入通道、畜牧通道、季节性游牧通道、日常过道、休息区、引水渠、休耕区和丰收后的耕地区。牧民在种植区时仅适用中转牧区。但是，由于农耕区的扩大，这些空间功能越来越少。一般情况下，进入通道是动物用来获取牧场资源的通道，主路宽度为50米。畜牧通道则主要用于动物通行，包括跨境、跨区域、跨省、跨城市和跨村的步道，用于将村庄与畜牧资源相连接。游牧大道则指宽阔的道路，用于长距离的迁徙放牧，这是游牧活动的组成部分。游牧大道宽度最少为100米。此外，当游牧大道穿过矿业开采区，应预留出特定的通道。如果不能留出，则由畜牧业部要求矿业能源部改道。休息区则仅为短期停留区。通道走廊用于两个以上地点、国家或牧区之间的迁徙道路，包括国内、国际和跨境。不过目前大多数走廊严重退化，并受到不可食用的物种入侵。走廊一般最低宽度为50米。在河流区至少距离为25米，在丘陵山脉区则至少距离为30米，在居民区则至少距离为1000米。休耕区则根据2010年水法被纳入牧区土地，第87-077号法令规范了作物区内牲畜的流动和放牧权，但并未将休耕地视为牧区的一部分。实际上，牲畜能获得的休耕地越来越少。收获后的耕地，根据2010年《畜牧业法》和《水资源法》规定，将收获后农田用于放牧，饲养员可以免费使用这些区域。不过现在农民倾向于将作物残留卖给放牧者。

第三，偶然性牧区。它指主要用途不是畜牧业的农村土地，在某些情况下，特别是在危及牲畜的情况下，经行政授权后可由畜牧业者使用。因此，偶然性牧区土地包括保护森林、公共牧场和战略放牧保护区或林牧保护区。然而，根据有关森林制度的第2004-040号法律的规定，在保护森林中放牧和动物通行须获得法律授权。2010年《畜牧业法》第13条将战略性放牧或畜牧开发保护区定义为"根据畜牧业部长和其他部长联合报告，由部长理事会颁布的法令分类的区域"[1]。森林，可用于战略储备或牧区开发。这些空间的使用条款由同一法令规定。

（三）尼日尔的牧区法律制度

首先，牧区的开发传统上基于人人享有牧场权的原则。这意味着牧民不能在划定的牧区拥有自己的土地，没有私人牧区土地所有权。第2010-029号法令规定，禁止以任何形式专断占用属于国家或地方当局公共土地的畜牧空间。[2]特别是，如果农村特许权会妨碍牧民羊群的流动性以及他们自由获取牧区资源，则不得颁发该地区的农村特许权。这种法律地位使得牧区具有一定的独特性，每个人都有进入牧区的权利，该法保证了牧民的流动性，进而保证了他们的安全和生存。牧区土地法规基于以下三项原则：（1）不存在私人牧区土地所有权；（2）牧区土地完全属于国家和地方当局的公共土地；（3）牧区土地是传统习俗的应用区域。但是，目前有些地方法规和人工水点（井）的私人所有权制度已经开始限制这一普遍享有权利的适用。

其次，牧区土地是国家和地方当局公共土地的组成部分。该规则加强了对牧区土地的非私人占有及保护。换句话说，这种法律地位使牧区土地成为不可剥夺、不受时效限制的对象，并且可

---

[1]　Art. 13, Ordonnance N°2010-029 du 20 mai 2010 relative au pastoralisme.

[2]　Art. 5, Ordonnance N°2010-029 du 20 mai 2010 relative au pastoralisme.

供所有牧民使用。1993 年 3 月 2 日第 93-015 号法令第 25 条已将这一原则扩大到整个牧区，但也包括牧区、牧场、盐地和沿水道设置的公共低洼湿地。这些规定承认牧民对其家乡土地拥有优先使用权。①

再次，牧区法律对牧区土地、牧区习俗和传统的适用范围做了规定。第 2010-029 号法令第 56 条规定，"根据本法令的规定，获得土地和开发牧区土地资源的规则由牧区传统确定"②。这一原则还与粮农组织的原则一起被纳入题为"改善牧区土地治理"的土地保有权治理技术指南，该指南认识到牧区土地保有权的复杂性，就如何加强牧区土地治理提供了建议和实例。该指南提供了旨在保护治理和牧区土地保有权的解决方案，同时又不影响习惯条款的适用。

最后，保护流动性是《畜牧业法》的核心，因为流动性是对变化莫测的环境的适应，是畜牧业的核心。由于当地资源有限，饲养员离开常住地寻找水源、牧场和农作物残茬。游牧的持续时间和范围根据年份和资源的可用性而有所不同。通过游牧和人口流动，使农业和农牧区具有互补性，比如围绕农村市场建立了各种交易场所。牲畜的流动在社区之间和家庭之间建立了重要的社会关系。此外，流动性为自然环境的生态管理提供了一定的帮助，比如促进土壤的自然施肥和种子的运输，从而增加生物多样性和生态系统服务。而且它可以保护栖息地并保持丰富多样的畜牧文化。

---

① Art. 25, Ordonnance Nº 93-015 du 2 Mars 1993 portant principes d'orientation du Code Rural.

② Art. 56, Ordonnance Nº2010-029 du 20 mai 2010 relative au pastoralisme.

（四）尼日尔牧区的保护手段

为了保障牧区安全，2010 年《畜牧业法》规定了不同的手段加以保障。首先，对全国牧区进行清查。清查是确保《畜牧业法》规定的牧区安全的一种手段，该条例规定"所有牧区资源都将成为国家清查的对象"。清查行动必须做到：确定牧区和牧区资源；开展牧区和牧区资源地理参考工作；实施牧区普查和牧区资源清查。土地委员会负责与当地居民和生产者合作开展此次清查。牧区和牧区资源确定后，由市土地委员会会同各部门土地委员会进行地理参考。

其次，运用农村档案登记。在农村档案中登记可以记录现有的土地权利（习惯所有权、地契、农村特许权、优先使用权、地方协议）以及在土地上进行的交易（出售、捐赠、租赁、习惯贷款或质押），以及保护共享资源。确保牧区安全要经历几个阶段。而且，作为一个重要工具，土地开发计划得到 2010 年《畜牧业法》第 29 条的确认。

最后，《畜牧业法》确立了维持和可持续保护牧区土地的法律机制：第 5 条规定禁止在牧区种植作物，但牧区饲养者的生计作物、绿洲作物以及国家经当地居民同意进行的开发除外[1]；第 8 条规定禁止向牧区的私人组织做出任何让步，即使获得批准，这些

---

[1]　Art. 5, Ordonnance Nº2010-029 du 20 mai 2010 relative au pastoralisme.

优惠也是无效的 [①]；禁止对牧区的农村造成任何破坏；对国家或地方当局公共领域的路径、轨道和旅行走廊进行分类；第 27 条规定对耕作区进行识别、标定、具体化并在农村档案中登记耕作区的通道 [②]；禁止和制裁阻碍农业区公共领域内地表水的通行路线、开发放牧区、小道、小路或通道走廊以及对它们的任何侵占；在控制畜牧资源开发方面，第 2 条规定，开发控制的目标是确保个人或共有自然资源根据其用途得到有效开发，以便保护资源。

四、尼日尔土地改革最新进展

（一）发展规划与土地改革

2009 年，非盟首脑峰会批准了"非洲土地政策框架和准则"（Cadre et lignes directrices sur les politiques foncières en Afrique）。该文件虽然不是有约束力的框架，但是提供了解决非洲土地问题的一个重要方法指南。为落实尼日尔复兴计划，通过开展第一、第二和第三行动，来保证国家粮食安全。"粮食和营养安全及可持续农业发展战略"或"粮食自给自足的 3N 倡议"，亦即"尼日尔人养活尼日尔人"（les Nigériens nourrissent les Nigériens）的发起是为了应对尼日尔的社会脆弱性、粮食和营养不安全问题。

首先，"3N"倡议。2011 年至 2015 年，通过实施"3N"能力建设计划，农村土地管理机构参与其中，以确保支持生产用地的改革落实。该计划旨在整个尼日尔境内贯彻落实《农村法典》、预

---

① Art. 8, Ordonnance N°2010-029 du 20 mai 2010 relative au pastoralisme.

② Art. 27, Ordonnance N°2010-029 du 20 mai 2010 relative au pastoralisme.

防和管理土地冲突、制订土地开发计划以及适时更新尼日尔的土地政策。2016—2021 年，尼日尔的"3N"计划目标是通过农村地区的一系列的农业、畜牧业、林业的发展行动助力尼日尔实现"零饥饿"。其次，尼日尔可持续发展和包容性增长战略（2015—2035）为尼日尔国家长期发展设定了年均 6% 的农业增长目标，以实现"零饥饿"。具体行动包括：振兴传统雨养农业；继续并加速对灌溉的投资；重组畜牧系统；可持续地管理环境、自然资源和能源；在农村地区制定创新的分权方法；确保和谐、综合的空间管理；继续改革。因为这一计划过于宏大，为此尼日尔政府制定了《经济和社会发展计划（2017—2021）》（*La Politique foncière rurale du Niger. Plan d'actions 2017—2021*）。2017—2021 年计划是尼日尔 2035 年可持续发展和包容性增长战略的第一个五年计划，于 2017 年 5 月 9 日通过。该计划实施的 11 个项目中至少有 5 个直接涉及农村管理，包括：粮食安全和可持续农业发展；改进开发管理；加强安全与建设和平；土地、水和生物多样性的可持续管理；改善人民生活环境，应对气候变化。这一计划已于 2023 年年底完成，目前尼日尔又制订了 2022—2026 年计划（或"复兴计划"第三期），将融资 19.4 万亿西非法郎，其中 15% 用于乡村发展与食品安全、7% 用于乡村和城市水利等直接涉及土地问题，此外 17% 用于安全以及 15% 用于能源和基础设施建设，也涉及土地管理。[1]

---

[1] 对外投资合作国别（地区）指南编制办公室：《对外投资合作国别（地区）指南：尼日尔（2023 年版）》，商务部对外投资和经济合作司、国际贸易经济合作研究院、中国驻尼日尔大使馆经济商务处，第 24 页。

（二）2021年《国家农村土地政策》

2013年，尼日尔对1993年《农村法典》二十年的实施进行了审查，强调了某些土地法律文本的过时与矛盾性。经过评估，各方同意召开农村土地保有权问题全国大会，该会议于2018年在尼日尔共和国总统的主持下举行。此次会议汇集了来自全国各地的300多名利益相关者，其主要目标是为尼日尔土地政策创新提出建议。2018年，政府专门成立了技术委员会，结合地方的农村土地建议，负责领导制定尼日尔农村土地政策。从2018年到2020年，该委员会共组织1000多人次的咨询研讨会，邀请传统酋长、妇女、青年、农民、牧民、渔民、民间社团代表、地方官员和议员等就政策内容发表意见。该政策于2020年提交给政府。由于尼日尔总统选举，该文件的通过被推迟到2021年4月总统选举之后。选举后，即将卸任的总统伊素福·马哈马杜将权力移交给穆罕默德·巴祖姆。尽管权力发生了更迭，新任政府还是于2021年9月9日通过了关于尼日尔农村土地政策的第2021-747/PRN/MAG号法令。[①]

2021年《国家农村土地政策》（*La Politique Foncière Rurale du Niger*）将尼日尔土地政策的战略框架构建为一个愿景、一个主要目标、三个具体目标、4个战略方向、14个干预轴和92项措施。具体如下：

---

① Décret N° 2021-747/PRN/MAG du 09 septembre 2021 portant adoption du document de la Politique Foncière Rurale du Niger.

首先，该政策文件强调了自1993年《农村法典》通过以来尼日尔所面临的越来越严重且复杂的土地问题。现有的土地管理制度越来越难以应对日益严峻的发展形势，制定新的土地制度迫在眉睫。具体而言，第一，影响雨养作物限制以北牧区的多方面且日益严重的威胁，存在雨养农业占地日益频繁、牧场非法占地、发展对社会和生态不负责任的投资、自然资源加速退化、难以确保对家乡土地的优先权等问题；第二，南方农牧区的土地问题十分复杂，造成严重的社会经济和政治后果：家庭农业发展的农业生态和经济条件恶化，获得共享土地的困难日益增加，土地市场不受控制地发展、土地掠夺和城市扩张的压力增大土地饱和以及农业经营有时极端分散。在某些地区，无地农民出现，妇女、年轻人和残疾人获得土地的机会寥寥无几，使用者之间的暴力冲突日益频繁。第三，监管机构和土地安全机制不足：农村土地领域涉及的不同管理服务之间的联系不足和权限冲突，土地开发计划与国家领土规划之间的矛盾，在冲突管理运作方面以及在《农村法典》地方机构层面将土地安全一体化（城乡村）方面存在困难；第四，涉及土地和自然资源管理的国家立法和监管手段丰富且复杂，而且经常无法协调一致；第五，向参与农村土地管理的利益相关者提供信息、培训时，机构和个人能力有待加强。因此，有必要以更加综合性、坚决性、参与性、协调性和计划性的方式解决农村土地问题。

其次，关于适用于全国范围的国家土地政策目标。第一，"2035愿景"：到2035年，尼日尔农民公平、安全地获取土地使用权，为负责任的发展创造有利的投资环境，从而达成实现国家粮食主权与安全、增强人民抗风险能力以及获得更广泛的社会经济可持续与和谐发展。①第二，主要目标：通过负责任且高效的现代化综合土地治理，使农村土地成为国家经济和社会发展的强大杠杆，确保可持续的土地管理，确保农民公平和非冲突地获得土地，确保农村可再生自然资源循环利用，确保不同群体合法获取土地，特别是弱势农村经营者。第三，具体目标：（1）为了保证国家和社区土地资源的可持续性公平开发，强调加强土地治理，特别是加强体制和法律框架的制定以及土地治理的有效参与；（2）为了加强家庭农业的韧性和发展负责任的投资，应推动农民合法获取土地权利机制的现代化；（3）制定监管机制来维护社会和平，预防当下与未来的风险。②

再次，关于国家土地政策的指导原则。第一，基本指导原则。与所有利益相关者进行协商；注重社会公平，保障所有利益相关者利益；结合权力下放进程的社会辅助性和权力问责制；因地制宜的差异化政策；将社会正当性与合法性相结合；兼顾效益与防腐败的可操作性程序与方法。第二，跨领域指导原则，包括土地冲突的预期和有效管理、操作系统的现代化和投资激励条件的创造，改善国家土地和共享土地的管理，建立高效的监管系统。

第四，为了实现上述主要目标，在基本原则与跨领域指导原则治理下，尼日尔制定了相应的四大战略。1.建立高效的制度与法律框架。（1）提升国家农村土地委员会和常设秘书处的级别，

---

① La Politique Foncière Rurale du Niger, p.24.

② La Politique Foncière Rurale du Niger, pp.24-25.

扩大前者的参与范围并设立《农村法典》技术委员会。（2）确保法典下设机构在土地治理中的核心地位，调整市与基层土地委员会的职责，强化分工互补。（3）注重城乡发展规划机构的协调，农村地区管理不同资源的机构的协调。（4）加强土地委员会的管理能力，包括为区市基层提供服务的能力。2.高效保障农村经营者的合法土地权利。（1）确保土地安全，特别是集体土地，推进土地权利正规化。（2）保障土地法规文本的质量与合规性，杜绝矛盾性文件。（3）保障妇女、年轻人和残障人士的土地权利。3.改善国家土地和公地的管理。（1）改善国有土地管理，明确国有资源的属性，加强数字化管理，确保种植区与农耕区分界，保障牧区资源。（2）确保地方政府国土资源管理，理顺全国和区域的关系，进行数字化高标准管理。（3）针对不同类型的土地实施符合各自特点的管理。4.建立快速有效的监管体系：（1）建立农村土地治理决策的支持工具，包括国家领土发展计划，并与大区和城市发展计划相协调；建立观察站。（2）规范长期转让并打击土地投机行为：对长期交易进行强制验证和登记，否则将受到无效处罚；确认土地转让条件是否满足；增加对大面积土地的授权；建立交易价格公共系统；设立针对大面积土地所有人的年度土地税；推广长期租赁；更新征用补偿框架。（3）监管土地行为，确保各种土地使用权的合法性。（4）改善土地治理，包括保存临时登记册、确保农村土地法院运行以及广泛开展法律宣传活动。[①]

---

① Ministère de l'Agriculture, Comité National du Code Rural & Secrétariat Permanent, Poltique Foncière Rurale du Niger, République du Niger, juin 2023, pp.22-38.

第五，根据总体战略，尼日尔政府协同相关领域的技术专家与合作伙伴共同制订五年计划。该计划包括：（1）重组管理体制框架，特别是权责分配；（2）调整土地获取与保障程序，降低成本，建设可靠实用的系统；（3）修订法律文本，特别是农村土地框架；（4）利益相关者的能力建设，比如农村土地法院、冲突管理的替代性机制；（5）完善融资机制，比如多方包容融资战略、设立国家专用基金；（6）丰富监测和评估的方式，比如多行为体参与、标准化管理以及发布实时监测报告等。

第七章　当代马里土地制度改革

马里历史悠久，曾是加纳帝国、马里帝国和桑海帝国的核心地区。1895 年沦为法国殖民地，1960 年 9 月 22 日宣布独立，成立共和国，莫迪博·凯塔成为首任总统。马里地处西非中部，东邻尼日尔，西与塞内加尔、毛里塔尼亚毗连，南同几内亚、科特迪瓦、布基纳法索交界，北与阿尔及利亚接壤。马里国土面积 124.1 万平方公里，属于热带气候区，北部为热带沙漠区，中部为热带草原区，南部为热带雨林区。其中，草原区、半沙漠区和沙漠区占马里领土的一半。该国的主要耕地围绕尼日尔河以及东南和西南地区，全国可耕地面积约 3000 万公顷，其中，已耕地面积 350 万公顷。据世界银行统计，2020 年，马里人口 2025 万，人口增长较快。马里是个多部族国家，共有 23 个部族，有班巴拉族（最大的部族，占全国人口的 34%）、颇尔族（11%）、塞努弗（9%）和萨拉考列族（8%）等。[①] 在经济上，马里经济支柱产业主要包

---

① 对外投资合作国别（地区）指南编制办公室：《对外投资合作国别（地区）指南：马里（2021 年版）》，商务部国际贸易经济合作研究院、中国驻马里大使馆经济商务处、商务部对外投资和经济合作司，2021，第 10 页。

括种植业、畜牧业和矿业等。作为农业国，第一产业在马里经济中占有重要地位，2020 年 GDP 占比达 35.58%，农村人口占总人口的 56%，从事农业生产的人口占全国劳动力的 70%。2020 年马里种植业占 GDP 比重约为 15%。[①] 马里农业在西非地区具有优势，特别是在水稻种植方面，其发展目标是成为农产品输出国。在行政上，马里行政区划分为大区级、环区级和市镇级三类。2016 年数据显示，马里拥有一个中央直辖区、10 个大区、58 个环区和703 个市镇。在政治上，近些年该国曾面临分裂威胁，现在则主要是面临北部的暴力恐怖威胁，而且，该国多次发生军事政变。马里的政治动荡是长期发展不足所导致的，马里是世界上最不发达的国家之一。马里的经济水平落后同其土地制度有着很大关系，而且，近年来的北部冲突也同马里的土地制度有着密切联系。因此，有必要对马里的土地制度做历史梳理，并就目前的制度改革情况进行整理与分析。

一、独立初期的马里土地制度

法国在马里的殖民统治彻底改变了前殖民时期的土地保有权制度。法国殖民政权削弱了定居和游牧民族首领负责分配土地以及其他自然资源的传统权力。1960 年，马里宣告独立。马里共和国继承了法国的一系列法律、法令和行政惯例，法国的法律传统

---

① 对外投资合作国别（地区）指南编制办公室：《对外投资合作国别（地区）指南：马里（2021 年版）》，商务部国际贸易经济合作研究院、中国驻马里大使馆经济商务处、商务部对外投资和经济合作司，2021，第 15 页。

至今仍深深植根于该国各地。1960 年独立后，马里将土地国有化，结果所有类型的土地使用都被视为临时的，国家可随时撤销。在社会主义政府时期，国家制定了政策来重新定义土地保有权关系，以鼓励农村地区的发展。总统莫迪博·凯塔领导下的政权加强了土地国有政策。军政府夺取政权后，在军事统治下，国家对土地的控制有所加强，1984 年和 1990 年分别颁布土地法。1990 年的立法确认了国家所有权原则。

　　马里先后经历凯塔政权、特拉奥雷（Moussa Traoré）军政权以及第二共和国时期。凯塔总统主张走社会主义道路，其领导的联盟党在议会中占据绝对优势，该党的目标在于使“马里从殖民主义阶段不经过资本主义阶段就过渡到社会主义阶段”[①]。因此，凯塔政府实行了较为激烈的社会变革和国家发展计划。该政策也体现在土地领域，即通过国家对土地的垄断与投资以及对土地交易的计划体制来促进社会经济发展。首先，1961 年 1 月 26 日颁布第 44-02 号法令，规定土地所有权的转让和产权物权的界定问题。该法律强调物权转让和物权构成的优先授权原则。其次，1963 年 1 月 11 日颁布第 63-7/AN-RM 号法律，这是关于马里土地管理的基本法，其中规定了国家对土地和自然资源的所有权原则。该法废除了传统管理人员的特权，这些人员安排被置于关于国家土地、森林与水资源的部分，负责制定和监督自然资源管理和开发法规的实施。当时，马里政府强调土地获取的公平原则，代表性的则

---

　　①　恩诺·博伊歇尔特:《马里》，上海外国语学院《马里》翻译组译，上海：上海人民出版社，1976，第 62 页。

是"土地属于开发者"。据此，凯塔政府确保所有马里国民平等获得土地和自然资源，其准入方式则是通过授予捕鱼、狩猎、开垦、占有等官方许可证加以实现。

1968年11月19日，穆萨·特拉奥雷发动军事政变推翻凯塔政权。该政府主张优先发展农业，以村社为基础把农民组织起来，强调发展农用工业、中小企业和基础工业。[1] 特拉奥雷政权并未对之前的土地管理原则提出疑问，特别是国有制原则以及国家对土地交易的计划调控原则，仅对1961年法律做了程序性修改。1972年3月24日创建农村发展行动。它通过农业结构现代化，但最重要的是通过推进农村经济货币化，引发了农业世界的深刻变革。1975年8月14日第143/PG-RM号法令，政府专门引入了"开发土地"概念，将连续十年放弃或获得十年且未突出显示的土地所有权收归国有。[2] 这意味着尽管马里法律保留了私有财产权利，但是也立法限制了这一权利。1983年2月4日颁布的第82-122/ANRM号法律规定国家私产土地分配的基本原则，并在1985年再次修订了该法律。[3] 这一阶段的法律均保留了殖民时期所制定的有关交易登记与控制的程序，但并没有提及习惯权利。

---

① 张忠祥：《列国志·马里》，北京：社会科学文献出版社，2006，第53页。

② Décret 143 PG-RM portant fixation des modalités d'application de l'ordonnance n° 27 CMLN du 31 juillet 1974 abrogeant la loi n° 61-30 AN-RM du 20 janvier 1961 portant incorporation au domaine de l'Etat du Mali des titres fonciers abandonnés ou acquis depuis dix ans et non mis en valeur.

③ Loi n° 82-122/ANRM du 4 février 1983 déterminant les principes fondamentaux relatifs aux conditions d'attribution des terres du domaine privé de l'Etat.

整体而言，马里独立初期的二十年都强调国家土地所有权制度，将土地所有权收归国家。

二、1986—2008 年土地改革

自 1986 年开始，马里着手对国家土地法律体系进行改革，其间经历了 20 世纪 90 年代的政治经济转型。土地制度改革曾一度备受冷落，转型后政府将工作重点率先放在了权力下放领域。不过随着发展问题越来越突出，土地问题重新回到了政府的优先议程上，包括 2000 年土地法的修订、2001 年《牧业法》颁布以及 2006 年《农业方向法》的通过。21 世纪初，在法国合作组织的支持下，农村发展部启动了关于农村土地的新辩论程序。在财政部的倡议下，颁布了修订《国家和土地法》的命令。这一阶段的突出特征是在保持国家垄断原则的基础上在法律上对习惯权利给予承认。

（一）1986 年《国家土地法》

1986 年 8 月 1 日颁布的第 86-91/ANRM 号《国家土地法》，不仅作为土地资源占用和管理的主要章程，也可以作为开发工具。[1]《国家土地法》正式承认个人或集体习惯权利的存在，但是仍显犹豫。此法只强调习惯权利问题，其他方面的规定将在 2000 年土地法中阐述。

---

[1]　Loi N° 86-91 / ANRM du 1er août 1986 portant code domanial et foncier en République du Mali.

1986 年土地法重新采用了"无主空置土地"的概念。第 37 条规定按照国家私产土地的一致性，列出了行使习惯使用权或处置权的土地，无论是集体的还是个人的。[1] 第 127 条则强化这一规定，规定"如果国家不需要对这些土地行使权利，则确认行使所述习惯权利"[2]。该条款的措辞暴露了上述权利的不稳定性，即使习惯权利得到了第 129 条的加强。该条规定，当习惯权利对土地产生明显和永久的影响，从而产生了常态化建设或开发时，如果持有人提出要求，可以将其转化为农村特许权，以造福其持有人，"除非因自身耕作方法而造成了土地利用中断"。[3]

第 130 条也强化了习惯权利，该条规定，当农村特许权请求涉及行使习惯权利的土地时，这些权利的持有人可以放弃这些权利或为了自己的利益而请求特许权。[4] 如果没有报告指出放弃或习惯权利持有人请求特许，国家可以自由处置土地，但须事先支付补偿，补偿金额由各方友好协议确定。然而，上述补偿仅涉及房地产和种植园性质的建设或开发。只有在特殊情况下，当情况需要时，才可能给予额外补偿，以促进被驱逐的传统持有人的重新安置。最后，根据第 133 条，当国家出于普遍利益或公共事业的

---

① Art. 37, Loi N° 86-91 / ANRM du 1er août 1986 portant code domanial et foncier en République du Mali.

② Art. 127, Loi N° 86-91 / ANRM du 1er août 1986 portant code domanial et foncier en République du Mali.

③ Art. 129, Loi N° 86-91 / ANRM du 1er août 1986 portant code domanial et foncier en République du Mali.

④ Art. 130, Loi N° 86-91 / ANRM du 1er août 1986 portant code domanial et foncier en République du Mali.

原因希望处置行使习惯权利的土地时，负责该领域的部长可下令清除这些土地，具体原因由行政部门给予说明。[1]

1986 年的法规尽管与以前的文本相比相对完善，但也包含太多矛盾。而且，其实施令直到 1992 年才出台。实际上，除了大城市之外，该法没有得到应用，也被人们所忽视。在农村，人们仍然使用习惯法。此外，尽管明确提到承认地方权利制度，但由于忽视了农村土地现实情况的某些方面，该法仍然不完整。[2]

（二）2000 年土地法改革

2000 年 3 月 22 日第 00-27/P-RM 号法令颁布了马里的《国家土地法》[3]，并经 2002 年 2 月 12 日第 02-008 号法律修订。这一立法体系在很大程度上纳入了 1986 年 8 月 1 日第 86-91/ANRM 号法律所确立的完善的一般原则并进行了一定创新。该法共 277 条，分为 9 编。即：（Ⅰ）国有土地；（Ⅱ）国家公产土地的一致性、构成、管理和保护；（Ⅲ）国家私产土地组成和管理以及习惯权利和惯例；（Ⅳ）地方当局的公私产；（Ⅴ）国家和地方当局的动产；（Ⅵ）土地所有权的组织和适用于建筑物的立法、征用和规定，土地保有权

---

[1] Art. 133, Loi N° 86-91 / ANRM du 1er août 1986 portant code domanial et foncier en République du Mali.

[2] Céline Allaverdian, Aurore Mansion, *Les enjeux de la nouvelle politique foncière rurale au Mali. Une perspective historique*, Comité technique « Foncier & développement », Numéro 3 , Mai 2011.

[3] Ordonnance N° 00-027/P-RM 2000 du 22 mars 2000 portant code domanial et foncier.

的运作、登记、物权公布；（Ⅶ）因公用事业、临时占用等原因征收的原则；（Ⅷ）资本利得补偿；（Ⅸ）过渡性和最终性条款。

1. 国家所有权原则。该法强调国家所有权是一项基本原则，它确立了国家对非产权土地和资源的所有权的推定，并确立了国家在土地管理中的主导作用。国家的公共领域包括人工公共土地和自然公共土地。国家私产包括所有不受土地所有权限制的土地和以国家名义登记的土地。推定所有未登记土地均属于国家所有，包括所谓的空置土地和无主土地以及根据习惯权利持有的土地。

2. 土地登记制度。该法坚持土地私有制普遍化原则。该法典的 277 条中，有 153 条（第 71 条至第 224 条），即一半以上专门讨论土地所有权。土地保有权的管理也是以登记为基础的。它包括在土地登记册中以国家名义登记土地（第 138 条至第 172 条规定了登记程序）。第 75 条规定，国家分配土地之前必须遵守此规定。[①] 农村土地可以以农村特许权的形式分配，无须事先登记。这些权利仅在按照法律规定的条款公开的情况下才能保留并对第三方有效。第 173 条至第 207 条涉及这些权利的公布。

3. 承认习惯权利。将习惯权利持有的土地置于国家私产内且给予公正保护。第 43 条不仅确认了在未登记土地上集体或单独行使的习惯权利，还规定任何个人、任何社区都不得剥夺其习惯权利，除非是出于公共事业的原因并受到公平和公正的保护。[②] 不过，

---

① Art. 75, Ordonnance N° 00-27-P-RM 2000 du 22 mars 2000 portant code domanial et foncier.

② Art. 43, Ordonnance N° 00-27-P-RM 2000 du 22 mars 2000 portant code domanial et foncier.

国家对上述权利的行使还进行了一定的限制，即开发义务。当不具有明显且持久的开发时，任何人无法从所列的各种开发中受益，也无法注册。

（三）2001 年《牧业法》

2001 年 2 月 9 日，马里国民议会通过了关于马里《牧业法》的第 01-004 号法律。[1] 该法规定了马里共和国牧区活动的基本原则和一般规则。它明确了牧民的基本权利，特别是在动物流动和获得牧区资源方面，也规定了牧民在开展牧区活动时应承担的主要义务，特别是在保护环境和尊重财产方面的。

为此，它确立了开展畜牧活动的基本原则（动物的流动性、环境保护和畜牧资源的可持续利用、获得畜牧资源的权利、对防治荒漠化的贡献、生活质量和环境监测）；动物流动（国内流动、国际流动）；使用牧区资源的权利（使用牧场和盐地：属于国家和地方当局管辖范围内的牧区和农业区；使用水：天然水点、开发水源的水点）；牧区保护和牧区使用权保障（牧区发展和牧区使用权保障、牧区保护）；放牧资源的分散和参与式管理（地方当局的作用和技能以及牧民组织的作用和责任）；当地冲突管理；打击犯罪行为（调查结果和起诉、犯罪行为和制裁）。

此外，2010 年马里颁布了一项关于游牧的总统法令 [2]，承认游

---

[1]　Loi Nº 01-004 du 27 février 2001 portant charte pastorale en République du Mali.

[2]　Décret Nº10-602-P-RM du 18 novembre 2010 fixant les modalités de la transhumance en République du Mali.

牧业以及游牧民族、游牧民族和农牧民（跨境）转移牲畜以及使用牧场和水资源的权利。移民走廊已经建立，并且在地方一级，地方当局必须在季节性土地利用规划和牧区土地管理方面纳入牧区代表。

（四）2006 年《农业方向法》

2006 年 9 月 5 日第 06-045 号法律，颁布了《农业方向法》（*La Loi d'Orientation Agricole du Mali*）。[①] 该法涉及发展的主要领域，对农民组织产生影响，例如农民和农业财产的地位，农业专业的组织、培训，土地保有权，农业融资，资源管理等，还为该法的实施提供了制度框架。而且，《农业方向法》为协商程序制定了法律框架，将协商确立为解决国家农业发展方向的一种模式。

首先，该法的愿景与目标。该法确立了马里促进可持续、现代化和有竞争力的农业的愿望，主要以公认和安全的家庭农场为基础，支持结构化、有竞争力的农工业部门的出现，并融入次区域经济。《农业方向法》在农业用地方面的目标非常明确：保护农场和经营者；促进公共和私人投资；公平获取土地资源和可持续资源管理。其次，该法的运行机制。为了实现这些目标，已经建立了一些运作机制：清查习惯和习俗，制定农业土地法，建立地籍制度，制定适用于财产土地和使用权的税收制度，建立市土地委员会，从现在开始，有义务在开发时提前登记土地，在任何开发阶段使用长期租约，简化土地所有权和农村特许权的程序，并降低

---

① Loi N° 06-045 du 05 septembre 2006 portant loi d'orientation agricole.

成本。^①

其中，为了使《农业方向法》具有可操作性，第二章中专门针对农业用地制定了九个条款：第 75 条至第 83 条。^②第 75 条为了避免农村地区的权利不稳定，强调了对经营者和农场的保护和权益保障。第 76 条通过清查义务解决了习惯权利的棘手问题。面对不存在适当的农业土地政策的情况，第 77 条规定国家与农业领域专家共同制定农业土地政策。农业土地政策旨在打击交易投机和滥用土地所有权。它以城市一级的土地登记制度为基础，以明确与农业用地有关的所有指导原则。第 78 条体现了马里当局的政治意愿，因为它确定将在《农业方向法》公布后制定农业土地法。为了促进未来的土地交易，第 79 条规定每个市一级都有一个土地委员会。第 81 条规定土地开发必须在国家或地方当局的协助下进行，包括财政资助项目和私人开发项目。第 82 条采取措施简化确认土地所有权和农村特许权以及为农民签订长期租赁的程序并降低成本。自 1986 年《国家土地法》制定以来，土地收购中的主要限制因素之一就是转让成本太高。第 83 条规定，国家确保不同类别的农业经营者和农业经营促进者公平获得农业土地资源。

三、自 2010 年以来的土地制度改革

尽管马里各地定居农业社区和牧民社区一直都实行习惯法下的土地管理，但是直到 2017 年《农业土地法》通过后，习惯使用

---

① Art. 3, Loi Nº 06-045 du 05 septembre 2006 portant loi d'orientation agricole.

② Art. 75-83, Loi Nº 06-045 du 05 septembre 2006 portant loi d'orientation agricole.

权才得以成为土地主张的依据。

（一）2017 年《农业土地法》

2017 年 4 月 11 日，马里总统正式颁布了由国民议会通过的第 2017-001 号有关农业用地的《农业土地法》[1]。这是马里立法史上首次专门通过法律来处理农业用地问题。此类土地始终受习惯法和国家统一法律管辖，包括《国家土地法》《权力下放法》和《牧业法》。因此，该法律对于马里农村地区而言是一个关键性法律。这部新法建立了一个新的农业土地框架，强化了农村地区的习惯法土地权利，增加了农村土地治理力度，强化了农村持有者的公平性，也有助于促进农民对国家法律及其相关程序的理解。

1.《农业土地法》的主要内容。2017 年的《农业土地法》共六章，共有 54 条法律。第一章规定了总则，该法涉及农业用地，适用于马里农业领域内所有的农业用地和空间。第二章专门规定了相应的专业术语，包括农业空间（Espace Agricole）、农业活动（Activités Agricoles）、土地政策（Politique foncière）、优先购买权（Droit de préemption）、土地安全化（Sécurisation foncière）、耕地（Terres Agricoles）以及畜牧业用地（Terroir d'attache des éleveurs）。第三章界定了农业土地保有权，其中包括国有农业用地（les terres Agricoles de l'Etat）、地方当局农业用地（Les terres Agricoles des Collectivités territoriales）、农村社区的农田（les terres Agricoles des communautés rurales）以及个人的农业用地（les terres

---

① Loi N° 2017- 001 du 11 avril 2017 portant sur le foncier agricole.

Agricoles des particuliers）等四种产权类型。第四章规定了获得上述类型农业用地的条件和方式。首先，国家和地方致力于确保各方公平获得土地，还包括农业用地的基础安排，如水治理、雨养作物和基础设施建设。其次，它定义了个人和农村社区获得农业土地的方式，包括捐赠、贷款、租赁、佃农制、短期或长期租赁、承诺出售或转让的租赁。第五章规定了农地权利保障和农地管理机构。作为确保农业土地权利的一部分，物权得到确立。除了国家土地主管部门保存的土地登记册外，每个社区还保存农业用地的土地持有登记册和农业用地的土地交易登记册。任何农业用地的传统所有者都可以要求造册，颁发土地占有证明。该请求是通过填写市政府的表格提出的。在尊重自然牧场的承载能力和允许不同经营者之间共存的前提下，批准迁移式放牧。按照现行规定，纳入土地利用规划。畜牧业和渔业从业者在马里领土上拥有自然资源的优先使用权。农业土地管理机构是农村土地委员会（Les Commissions foncières villageoises et de fractions），国家农业土地观察站（l'Observatoire national du Foncier Agricole）则负责记录和监测《农业土地法》在农村地区的实践效果。第六章规定了农业土地诉讼的处理办法，主要有预防土地冲突、事先调解以及司法和行政部门之间的管辖权力的分配。

2.《农业土地法》的创新之处。2017 年《农业土地法》是解决农村地区土地不安全问题的关键性方案之一。这种土地不安全源自诸多因素，其中包括习惯保有权与成文法并存、土地治理薄弱、妇女权利边缘化、过于烦琐的产权正规化进程以及马里人对法律程序认识不足等。具体而言，创新之处包括土地产权类型的创新以及土地治理框架的创新。

第一，土地产权类型的创新。首先，肯定习惯法下的土地权利。一方面，之前根据习惯法持有的土地未曾注册，一般都被规定为国有土地，允许政府根据需要进行征用。新的法律规定了这些习惯法下未注册的土地不会被纳入国有土地领域。而且，新法律在此基础上创建了两种新类型的土地权利，即习惯土地权利证书和土地占有证书，规定了习惯土地权利的登记。这两种证书对农民和农村社区都具有巨大的法律价值，因为它们可以传给继承人、出售并用作贷款抵押品。其次，注重土地持有者的公平性。一方面，新法律承认了农村社区集体有权拥有土地，包括被认为对农村社区以及家庭至关重要的土地。这些土地按照社区现行的习俗和传统进行管理。另一方面，保障了妇女的土地权利。根据习惯法规定，妇女仅仅拥有临时使用权，可随时被收回，但她们一直是土地耕种的主力。新法律在此基础上加强了妇女获得土地的机会，要求将 15% 的公共土地分配给妇女协会。2017 年《农业土地法》通过后，个人可以使用习惯权利证据来申请土地所有权。

第二，农村土地治理框架的创新。第一个是农村土地委员会，它将促进有关土地问题的协商和传统土地权利的正规化。土地纠纷现在将先经过土地委员会的调解，然后再提交给法院。第二个机构是国家农业土地观察站。该观察站将记录土地问题并监测农村地区《农业土地法》的实践。该观察站将定期发布有关该国农业用地变化情况，并提醒政府潜在的风险。此外，该法律还强化了农业土地管理的地方权力，这有助于强化土地管理的稳定，因地制宜地将习惯制度与成文法制度相结合。这主要是通过赋予市政当局在土地权利登记方面的权利加以实现，具体则通过由市政当局掌管的两个登记册来管理。在土地占有登记册和土地交易登记册的管理中，市长或村长的角色十分关键。

（二）2020 年国家土地法改革

为了解决马里土地管理事务中的一系列困境，包括所有权或享有行为的复杂性、管理者不尊重其职权范围、对公共土地的非法占领、地块登记不透明、土地案件处理缓慢以及法院裁决执行困难等问题，马里负责不动产与土地的部门重新审视了自 2000 年以来的土地立法，在原来土地法的基础上进行了修订，2020 年 12 月 24 日颁布了关于马里土地的新法令。①

1. 2020 年土地法的主要内容。马里修订了之前的国家土地制度。新土地法主要包括九编，共 262 条。第一编涉及一般条款，旨在说明法律文本的基本概念、目标等。第二编专门讨论国家域名及其所包含的所有内容的描述。本编共分为五章：第一章规定了国家公共土地的组成部分，及其法律地位。第二章论述国家私产土地的构成及其管理。第三章规范地方当局的公共土地与私产土地的构成及其管理。第四章涉及国家和地方当局（公共和私人）的动产（Domaine mobilier）。第五章涉及习惯土地权（确认、观察、清除、习惯公约）。第三编专门讨论土地登记册，分为两章，第一章专门介绍其机构和使命，第二章专门介绍工作程序。第四

---

① Ordonnance N°2020-014/PT-RM du 24 décembre 2020 portant loi domaniale et foncière.

编涉及土地所有权，特别是土地保有权的管理和适用于建筑物的立法（第一章），以及土地保有权的运作。第五编规范了出于公共事业目的的征用，由司法机关进行，但须给予公平和事先的补偿。第六编规定，在执行本条例规定的工作后，如果被征用的私人财产的价值增值超过 20%，应给予资本利得补偿。（资本利得为专有概念，指低买高卖资产所获得的差价收益）。第七编涉及土地财产管理者的责任，第八编涉及犯罪行为及其刑事或行政处罚。文本以第九编作为结尾，列出了各种过渡性条款和最终条款。

与此同时，还通过了三项相关法令作为执行。2020 年 12 月 31 日第 2020-0412/PT-RM 号法令，确定国家和地方当局公共不动产管理的形式和条件。[①] 这些公共不动产是不可剥夺的、不受时效限制且不可被扣押的。国有土地部门管理国家公产土地，且可以将其管理权限下放给专门管理部门，后者则可以继续将其授权给被批准的特许经营者。地方当局则根据现行法规处置其所持有的公产不动产。第 2020-0413/PT-RM 号法令规定了国家私产不动产分配的形式与条件，政府可以用转让、出租和划拨的方式进行分配。[②] 第 2020-0414/PT-RM 号法令，确定地方当局私产土地分配的形式和条件，地方当局像任何所有者一样拥有其私产土地所有

---

① Décret N°2020-0412/PT-RM déterminant les formes et les conditions de gestion des terrains des domaines publics immobiliers de l'Etat et des Collectivités territoriale.

② Décret N°2020-0413/PT-RM déterminant les formes et les conditions d'attribution des terrains du domaine privé immobilier de l'Etat.

权。① 然而,第 2 条规定了某些例外情况。该法令管辖直接转让、公开拍卖转让以及私人房地产领域土地的租赁。②

2. 2020 年土地法改革的创新点。首先,法律规范创新。第一,关于土地所有权问题。(1)新法律通过将土地所有权确定为唯一的所有权形式,减少了所有权和享有权利的数量。(2)在土地所有权设立程序中引入正规性概念,使其具有法律效力。只有遵守程序,土地所有权才有效。任何不规范的行为都可能受到行政法院的审查(第 143 条)③,行为人及其同谋将受到惩罚。因此,土地所有权不可侵犯的原则虽然得到重申,但并不包括非正常创建的土地所有权的情况,这些情况下的所有权可能被取消。(3)已建立的临时所有权在转变为土地所有权之前的有效性得到保证。2020 年 12 月 24 日第 2020-014/PT-RM 号法令通过之前颁发的农村特许权、占用许可证、住宅用城市 / 农村特许权的临时所有权在转为土地所有权之前一直有效。因此,在新法律实施之前持有土地文件的人将继续享有其土地,并能够为其土地申请土地所有权。

第二,专业术语规范化。新法律首次引入完整的法律词汇术语表,以提供国家土地事务中的某些术语的详细信息。该术语表

---

① Décret N° 2020-0414/PT-RM du 31 décembre 2020 déterminant les formes et les conditions d'attribution des terrains du domaine privé immobilier des Collectivités territoriales.

② Art. 2, Décret Nº2020-0414/PT-RM déterminant les formes et les conditions d'attribution des terrains du domaine privé immobilier des Collectivités territoriales.

③ Art. 143, Ordonnance Nº2020-014/PT-RM du 24 décembre 2020 portant loi domaniale et foncière.

界定了专门用于国家土地管理的专有概念，避免了各种曲解。

第三，土地转让方面。（1）直接流转仅限于住宅用地。根据第 35 条的规定，直接出让只能涉及住宅用地。[①]（2）禁止以投机为目的囤积土地。第 57 条规定，"禁止以投机为目的的征地行为，禁止向同一个人分配多于一宗住宅用地。分配可能例外地涉及同一城市规划操作中的两块住宅用地，那么这两块地块应是连续的并且有必要证明其合理性"[②]。

其次，土地管理框架创新。第一，行政司法层面的调整。（1）授予土地部长随时取消国有公产的任何归属的权力。而且该权力不受《国家土地法》第 27 条含义内的任何时间限制。换句话说，公共土地的一部分，例如绿地、街道、水道地役权、铁路线等，将得到更好的监控和保护。（2）明确国家产权管理总局职责，并且与国家土地与地籍管理局共享权利。第 32 条规定了国家土地局、土地登记局和国家非公用遗产局的职责。这避免了功能的重叠，并使管理国家土地的服务更加高效。（3）央地关系调整。其一，从国家私产土地分配方法中废除农村特许权。过去由行政当局分配这种作为国家私产归属的方法被取消。其二，划拨和流转土地的条件更为精确。2020 年 12 月 31 日第 2020-414/PT-RM 号法令确定了私人不动产归属地方当局的条件，无论是分配还是转让土地。（4）处罚手段强化。其一，明确声明授予国家和社区在故

---

① Art. 35, Ordonnance Nº2020-014/PT-RM du 24 décembre 2020 portant loi domaniale et foncière.

② Art. 57, Ordonnance Nº2020-014/PT-RM du 24 décembre 2020 portant loi domaniale et foncière.

意不当行为的情况下对其代理人采取追索行动的权力：如果在确定土地所有权方面存在不当行为，国家和社区可以对其代理人采取行动（第146条）。[1] 其二，列举了构成严厉处罚的行为以及处罚数额和罚款金额的设定。第244条确定了构成偷窃罪的行为和处罚。[2]

第二，便利化举措。（1）建立单一土地窗口。第90条规定，建立一站式服务，以简化土地分配程序，并允许用户在同一地点办理手续。土地分配程序中的所有利益相关者将聚集在同一个信息平台上，以加快文件处理速度。这也将最大程度地减少腐败风险。[3]（2）信息化。通过引入所有现代和习惯信息手段，加强土地透明性并使之适应社会文化现实：第120条规定了在登记事项中使用现代和习惯信息手段。[4]（3）缩短不动产登记程序公示时限。第124条规定第三方权利的披露期限为30天，而不是旧立法规定的60天。[5] 这使获得土地所有权的时间可以缩短30天，这种精简手续的做法回应了当前投资者的强烈需求。

---

① Art. 146, Ordonnance Nº2020-014/PT-RM du 24 décembre 2020 portant loi domaniale et foncière.

② Art. 244, Ordonnance Nº2020-014/PT-RM du 24 décembre 2020 portant loi domaniale et foncière.

③ Art. 90, Ordonnance Nº2020-014/PT-RM du 24 décembre 2020 portant loi domaniale et foncière.

④ Art. 120, Ordonnance Nº2020-014/PT-RM du 24 décembre 2020 portant loi domaniale et foncière.

⑤ Art. 124, Ordonnance Nº2020-014/PT-RM du 24 décembre 2020 portant loi domaniale et foncière.

第八章　当代科特迪瓦土地制度改革

　　科特迪瓦位于非洲西部几内亚湾畔，总面积约为 32 万平方公里，西与利比里亚和几内亚交界，北与马里和布基纳法索为邻，东与加纳相接，南濒几内亚湾。1960 年 8 月 7 日独立，成立科特迪瓦共和国，一直延续至今。独立之初，人口估计为 500 万，到 2021 年 12 月底，科特迪瓦人口达到 2938.9 万，其中过去十年人口新增 350 万。而且，该国贫富差距很大，2002 年贫困线以下比例为 30%，如今已超过一半。科特迪瓦是多部族国家，拥有 79 个部族，可分为阿肯族系（占总人口的 42%）、克鲁族系（占总人口的 15%）、曼迪族系（占总人口的 27%）、沃尔特族系（占总人口的 16%）四大族系。该国是西非地区的人口迁入国，非科特迪瓦籍人口约占总人口的 24.2%，主要流向南部和西部森林地区以及主要城市中心。在经济上，科特迪瓦经济总量为西非第三，在西非经济货币联盟排名第一，是西非重要的农业国。农业是科特迪瓦的经济基础，2022 年农业占 GDP 比重为 14.3%。全国可耕地面积为 802 万公顷，农业从业人口占全国劳动力的 49%。科特迪瓦有两大农业生态区，北部半干旱大草原以粮食作物、棉花种植和饲养牲畜为主，南部湿润森林地区则是可可和咖啡的种植区。科特迪瓦可可、腰果产量位居世界第一，是仅次于马里、贝宁的非洲第三大棉花生产国，也是重要的橡胶生产国，占全球总量的9%。但是，科特迪瓦粮食不能自给，大米年消费的60%需要进口，主要粮食作物有玉米、小米、高粱、木薯、山药等。[1]不管是从独立后博瓦尼执政时期稳定快速发展来看，还是从20世纪末以来的科特迪瓦动荡局势演变来看，土地问题一直都是科特迪瓦农业发展、社会稳定以及政府合法性的关键性问题。本章将首先探讨科特迪瓦在独立初期的土地政策，其次将讨论科特迪瓦的农村土地规划实施，最后将讨论著名的1998年土地改革法及其后续的改革，最后对当前的土地制度进行一定的评价。

一、独立之初的土地制度（20世纪60—80年代）

当代科特迪瓦土地制度的起源可追溯至殖民时期的土地制度。独立之初，科特迪瓦基本延续了殖民时期的国家机器及其制度。但是，乌弗埃-博瓦尼政府基于自身的利益进行了微调，这一调整为科特迪瓦独立后二十多年经济发展与社会政治稳定奠定了基础。其中，"土地属于开发者"政策十分关键。但是，随着人口快速增长、经济模式的不可持续以及外部世界的剧变，这一制度最终导

---

[1]　以上数据来自《对外投资合作国别（地区）指南:科特迪瓦（2023年版）》，商务部对外投资和经济合作司、国际贸易经济合作研究院、中国驻科特迪瓦大使馆经济商务处，2023，第20页。

致了 20 世纪末一系列的转型困境，甚至成为引发内战的重要因素之一。

（一）博瓦尼政府的土地政策

1960 年科特迪瓦独立，费利科斯·乌弗埃 - 博瓦尼（Félix Houphouët-Boigny）当选首任总统，并持续执政至 1993 年。该政府基本上延续了殖民时期的土地制度，其中包括 1928 年通过有关公共土地的法令。国家被界定为所有者，公共土地的范围逐渐扩大，包括水域、矿产、森林和保护区等。科特迪瓦政府选择了严格的登记制度，就像殖民时期那样。一方面通过登记实现现代化，另一方面通过土地的合理开发来证明自己的选择是正确的。1961 年发布的一份通知表示要"研究一项土地和国家重组项目，旨在建立真正的土地法规，并特别界定集体和个人传统土地权利"[1]。在实践中，该通知作为法律文本使用。同时，1961 年《国籍法》颁布，允许科特迪瓦出生或在科特迪瓦有近亲的外国公民成为科特迪瓦人。[2] 1962 年，科特迪瓦政府试图强化国家对所有未登记土地的控制，但是遭到了土地酋长以及土地习惯权利所有者的强烈抵制，最终失败。1963 年，乌弗埃 - 博瓦尼颁布了一项行政法

---

[1] Georges Kouamé, *La loi foncière rurale ivoirienne de 1998 à la croisée des chemins : vers un aménagement du cadre légal et des procédures ?*, Regards sur le foncier N°4, Comité technique « Foncier & développement » , AFD, MEAE, Paris, avril 2018.

[2] Loi N°61- 416 du 14 décembre 1961 portant Code de la Nationalité Ivoirienne.

令，宣称"土地属于开发者"这一土地政策。从那时起，根据法国《民法典》第 713 条确定，未登记的土地是无主的，并且事实上属于国家。[1] 这个政策实际上剥夺了习惯法下土地所有者的权利。先来者或本地人的身份不再赋予推定占有未开发土地的权利：只要有能力开发土地，任何人都可以拥有土地，不再依赖社区来获取土地。[2] 实际上，博瓦尼政府奉行的是一种自由土地政策。该土地政策继续延续了殖民时期的农业扩张的战略，1920 年至 1960 年，法国殖民政府鼓励来自科特迪瓦北部的巴乌莱人（Baoulé）和布基纳法索、马里等国移民来科特迪瓦南部定居，种植可可与咖啡等经济作物。这一政策深刻改变了科特迪瓦的社会结构，将科特迪瓦南北划分为不同的经济作物种植区，北方为棉花种植，东南为可可与咖啡种植，西南则是开荒的地区，且与各自地区的族群建立共谋关系，西南为阿肯族，北部地区的塞努弗人被送往南方，西部地区的贝德人和克鲁人被置于整个科特迪瓦社会的底层。该政策得到了当时科特迪瓦国内外政治力量以及发展力量的支持，成为科特迪瓦独立后三十年经济发展、社会稳定以及政治稳定的基石。但是，在西部地区的土地管理，实际上仍然要依靠习惯法进行。按照习惯，当地社区向外乡人转让土地权，但是在"监护"

---

[1] Art. 713, Code civil.

[2] Jean-Pierre Chauveau, « La loi de 1998 sur le domaine rural dans l'histoire des politiques foncières en Côte d'Ivoire : la politique des transferts de droits entre autochtones et étrangers en zone forestière » . In : Jean-Philippe Colin, Pierre-Yves Le Meur & Eric Léonard (eds.). *Les politiques d'enregistrement des droits fonciers: du cadre légal aux pratiques locales*, Paris: Karthala, 2009, p.119.

关系的框架内进行。

1964 年颁布的新法律改变了 1955 年法律的规定，最重要的是禁止土地所有者出售土地，这些所有者也不能将土地出租给移民以换取金钱，尽管他们可以获得捐赠作为交换。[①] 1968 年 12 月 17 日，科特迪瓦以内政部通报形式（circulaire du Ministère de l'Intérieur）宣布"国家是所有未登记土地的所有者"，并且废除了习惯土地权利。该法令强化了科特迪瓦土地国有化的立场，否定了 1955 年承认习惯土地权利存在的规定。不过，从 20 世纪 70 年代起，科特迪瓦开始进行土地政策的调整，放弃了移民投资农业的激励措施。1971 年 2 月 16 日关于国家土地管理的第 71-74 号法令规定了涉及土地交易时应遵循的程序。1971 年，科特迪瓦再次颁布法令，确认国家有权对习惯法下的占用土地给予特许权。就农村土地而言，合法占用的理由是拥有农业部部长颁发的临时或最终所有权证书。1935 年 11 月 15 日的法属西非国有土地管理的法令第 2 条规定"与使用所谓习惯权利，是行使这些权利的人的个人权利，不得以任何理由转让"[②]。此外，该法令第 1 条规定："为了合法，任何土地占用都必须有正当理由：对于农村土地，必须拥有临时或最终特许权，或对不稳定和可撤销的所有权进行占用授权；对于城市土地，通过拥有临时或最终特许权来获得权利。"[③]

[①] Décret Nº 64-164 du 16 avril 1964, portant interdiction des actes sous seing privé en matière immobilière.

[②] Art. 2, Décret Nº 71-74 du 16 février 1971 relatif aux procédures domaniales et foncières.

[③] Art.1, Décret Nº 71-74 du 16 février 1971 relatif aux procédures domaniales et foncières.

这也是 1971 年 7 月 12 日关于合理开发完全拥有的农村土地的第
71-338 号法律的规定。[①] 因此，事实上，第 71-338 号文本规定，
如果这片土地未得到充分开发，国家可以收回该土地。如果连续
10 年处于休耕状态或维护很少，就不可能获得好的产量。该法规
定了国家收回这片土地的权利。然而，它仅适用于已经登记的土
地，并且前提是，一方面，国家证明开发不足，另一方面，它对
被征用的所有者进行补偿。有一点是确定的，这些不同的法律文
本确定的国家土地控制的行政做法，有的违反了其他规定，特别
是 1955 年法令中有关法属西非土地和国家重组的规定。因此，制
定明确的法律框架以确保更好地管理农村地区的土地显得十分必
要和紧迫。此外，科特迪瓦收紧了移民政策。1972 年，科特迪瓦
议会修改了《国籍法》，1972 年法律规定，在科特迪瓦出生的但
其父母任何一方均不具有科特迪瓦国籍的儿童不被承认为科特迪
瓦人。[②]

（二）博瓦尼土地政策的影响

1. 经济影响。首先，这一政策基本取得了成功。二十多年的
发展使得科特迪瓦发展为全球最大的可可生产国，并且成为该
次区域最繁荣和稳定的国家。自 20 世纪 60 年代以来，科特迪瓦
GDP 年均增长达到 7%。其次，该政策推行后，该国的土地交易日

---

① Loi Nº 71-338 du 12 juillet 1971 relative à l'exploitation rationnelle des
terrains ruraux détenus en pleine propriété.

② Loi Nº 72-852 du 21 décembre 1972, portant modification du Code de la
Nationnalité ivoirienne.

益增多，新的土地契约关系不断出现。外来移民到达南部森林地区之后，最初鼓励前往东南部，后来扩大至中西部地区。外来人可以通过移民或为原住民工作来获取土地，或签订长期合同获取土地。鉴于当时人口密度极低和森林土地丰富，这种模式没有引发重大问题。传统土地权利逐步转变为租赁或销售协议，具体形式多达 15 种，包括赠与、佃农、质押、租赁、信贷和监护等，具体取决于土地类型、协议目的、受益人的情况及其来源等。最后，这一经济发展模式也导致该国成为粮食作物的进口国，粮食安全不能得到保障。这种经济作物的专业化种植使得科特迪瓦一方面粮食高度依赖进口，粮食安全不能得到保障。而且虽然科特迪瓦是可可的主要生产国，但是高度依赖发达国家的市场，这导致其经济深受国际市场的影响，国际市场的一点风吹草动便会波及该国的整体经济，这在 20 世纪 80 年代之后得到明显的体现。

2. 社会政治影响。首先，该政策在维持科特迪瓦社会与政治稳定方面发挥了重要作用，维持了种植园主、城市小资产阶级以及部分土地贵族的联盟。其次，博瓦尼鼓励移民的政策导致外来人口的大量涌入，改变了科特迪瓦社会结构，使其变成一个多宗教、多民族且移民数量占比高达四分之一的多元族群社会。外来移民在科特迪瓦也享有同样的公民权利，包括选举权、购置不动产权等。另外，外来移民获取土地、使用土地、定居的安排通常是按照习惯法进行。但是，这种传统权利有其前提，即土地供应是充足的，人少地多，且土地是非商品化的。但是在市场经济的冲击下，时间一长，由于内部资源的不足、挑战与矛盾随之出现，土地所有者与实际持有者之间围绕权利不断出现问题，不断调整，从而形成了错综复杂的新情况。更何况，部分移民已经通过永久性定居或者联姻的方式成为所在地区的共同体或村落成员。科特迪瓦土地使用情况的复杂性和不断变化的性质成为 20 世纪下半叶社会冲突的主要根源。其次，外来人口不断增加，不仅导致土地资源的商业化以及稀缺化，而且扰乱了当地的文化系统，强化了本就在殖民时期被殖民政府所挑动的当地人与外来者的二元身份对立。为了维护自身族群内的团结以及自身的政治经济利益，当地人同外来群体的冲突越来越多。

二、20 世纪 90 年代的农村土地规划项目

"农村土地规划"（Le Plan foncier rural）自 1989 年起开始在科特迪瓦开展试点行动。1996 年试验结束。在农村土地规划方案框架内开展试点活动的三个目标是：（1）查明并登记习惯权利，使它们获得与成文法权利相同的地位，从而使其能够纳入新的立法。（2）制定技术上和财政上可行且为当地居民所接受的登记方法，并向公共管理部门提供规划和实施农村发展活动所需的数据。主要活动是研究、确定和记录土地权利，"被村民和政府所感知和认可，并且是个人、邻居、家庭和村庄之间协议的结果，并在试点项目的调查小组面前得到表达，并且不会受到其他相关方质疑"[1]的权利。

---

[1]　Jean-Pierre Chauveau, Pierre-Marie Bosc, Michel Pescay, Le plan foncier rural en Côte d'Ivoire. In : Lavigne Delville P. (ed.). *Quelles politiques foncières pour l'Afrique rurale ? : réconcilier pratiques, légitimité et légalité*, Paris : Karthala/Coopération Française, 1998, pp. 553-554.

为了应对日益民族中心主义政策引发的地方冲突，科特迪瓦农业部自 1990 年起在捐助者的财政支持下开始实施"农村土地规划"项目。农村土地规划计划的主要目标是加强而不是废除传统权利。该行动也是 1998 年新土地法通过的准备工作的一部分。在实践中，"农村土地规划"成为当地人社区对过去转让给移民的土地权提出异议的借口。此外，农村土地规划还将在权力下放进程中发挥关键作用。地方土地管理委员会负责管理土地、保存记录并记录权利变化，例如交易和合同。由于权力下放，土地开发，特别是通过出于保护目的而保护森林地区，也将成为可能。2002 年，该行动在 9 个区、44201 块土地上进行，覆盖 110 万公顷的土地和 708 个村庄。708 个村庄设立了 42 个乡镇土地管理委员会，每个委员会由一名领导负责。但是这种地方土地权利转录有着很大的局限性。将土地权利持有者简化为土地所有者和土地经营者的做法，在科特迪瓦很多地区引发了当地居民与移民之间的冲突，以至于难以调和他们对同一块土地的不同诉求。这种情况导致了部分地区农村土地规划的实施中断。

此外，农村土地规划的职能之一是指导新农村土地法的制定。1998 年，科特迪瓦农业部起草了一份初稿，其中没有提及将强制要求土地证书持有者进行土地登记才能真正被法律承认为土地的所有者。农村土地测绘计划实际上侧重农村习惯法下土地的划界与面积测绘，因此并不能满足新的农村土地法对于土地调查的新要求。农村土地测绘计划与 1998 年新土地法之间的重大差异暴露了该计划的局限性。因此，1998 年新土地法颁布后，农村土地测绘计划则更强调将城乡作为行政单位从而推动权力下放，而将土地权利的识别、认证与登记工作交由其他机构负责。自 2003 年起，由于来自外部捐助者的资金开始减少，该计划逐步停止实施了。

三、1998 年科特迪瓦土地法改革

1998 年土地法是自 1960 年以来科特迪瓦最重要的土地改革。之所以进行土地改革，是因为 1960 年乌弗埃 - 博瓦尼所确立的模式在推进了三十多年后已经难以为继。但是，1998 年土地法的颁布与实施受到科特迪瓦内部局势的深刻影响，直到 2010 年之后才开始真正落实。

（一）1998 年科特迪瓦土地改革的背景

20 世纪 80 年代是科特迪瓦当代历史的重要转折点，原有经济增长模式难以为继，长期的经济衰退开始。国际市场的低迷、汇率及利率上升大大加剧了许多严重依赖原材料的发展中国家的金融危机。在经历了 1975 年至 1978 年的繁荣发展后，在外部融资的大规模投资兴起之初，经济陷入了爆炸性债务和国际价格下跌的双重打击。1985 年至 1995 年，由于国际放松管制和供应过剩，可可市场价格经历了急剧崩溃，科特迪瓦深受其害。独立初期所建立的生产模式导致科特迪瓦不得不接受国际金融机构的条件，这些西方主导的机构迫使科特迪瓦进行经济结构再调整。科特迪瓦开始进行结构性调整，但是上市公司私有化、预算整合和国家强制脱离等都无法帮助该国克服上述困难。

经济衰退导致社会阶层的利益受损，原有的社会经济联盟开始解体，博瓦尼政权的基础开始动摇。从 1983 年起，首先是教师

与医生的利益受损，然后是更广泛的公务员群体，之后是所谓的名人或贵族群体，最后则是经济作物的种植园主。1989 年 10 月将可可生产价格减半的决定成了科特迪瓦阶层联盟的重大破裂点。与此同时，这场危机导致在城市接受培训或就业的年轻人被迫返回农村社区，但是返回家乡后才发现他们的亲戚将稀有的可用土地以不明确的条款转让给了外来的农业移民。

（二）1998 年农村土地法改革

1998 年 12 月 23 日，科特迪瓦议会通过了关于农村土地的第 98-750 号法律 ①，废除了 1971 年 7 月 12 日颁布的第 71-318 号法律。后来，科特迪瓦总统以及部长理事会颁布了三项实施法令，以及农业部部长以命令形式颁布了很多条例对其进行补充。

其中包括 1999 年 10 月 13 日颁布关于农村土地管理委员会属性与组织的第 99-593 号法令 ②、关于 1998 年农村土地法中农村土地的习惯应用办法的第 99-594 号法令 ③ 以及关于农村土地暂时出让土地权利的巩固程序的第 99-595 号法令 ④。这些政府法令构成了管理科特迪瓦农村地区土地使用权的最重要的法律文书。这些法

---

① Loi Nº98-750 du 23 décembre 1998 relative au domaine foncier rural.

② Décret Nº 99-593 du 13 octobre 1999 portant sur l'organisation et attributions des comités de gestion Foncière rurale.

③ Décret Nº 99-594 du 13 octobre 1999 fixant les modalités d'application au domaine foncier rural coutumier de la loi Nº 98-750.

④ Décret Nº 99-595 du 13 octobre 1999 fixant la procédure de consolidation des droits des concessionnaires provisoires de terres du domaine foncier rural.

律的主要目标是通过农村土地登记，即在土地登记册上登记，使习惯权利正式化。正规化过程包括两个主要阶段：首先，获得土地证书，然后，在三年内将该证书转变为私有产权（称为土地所有权）。如果证书是以家庭、宗族或村庄的名义颁发的，其持有人必须在它们之间分割土地以获得个人财产权。

　　1998 年农村土地法主要内容具体如下：第一章规定农村土地的含义及其构成。第 1 条规定："科特迪瓦土地分为五种不同类型：农村土地、公共土地、城市周边土地、森林保护区以及正式设立的延期开发区。"① 关于行为体方面，规定"只有国家、公共当局和科特迪瓦自然人（les personnes physiques ivoiriennes）才可以拥有农村土地"② 农村土地包括永久土地和过渡土地，后者包括习惯土地以及国家授予公共当局和个人的土地。一旦传统土地和授予土地进行强制登记，农村过渡性土地就会消失。农村土地要么是国家所有，要么是公共当局和自然个人所有，要么是无主土地。这就否定了农村土地的集体所有的可能性。

　　第二章规定了农村土地所有权、特许权以及流转流程。其中第 4 条规定，只有经过土地登记的土地才会被视为拥有真正的所有者。土地证书（Certificat foncier）不是真正的地契（Titre foncier），它只是根据《农村土地法》的规定，申请土地产权的依据。习惯法框架下的土地持有者必须申请地契。这必须在 2023 年之前完成（首次设定为 2009 年，2013 年修订案将最后期限延长至

---

① 　Art.1, Loi N°98-750 du 23 décembre 1998 relative au domaine foncier rural.

② 　Art.1, Loi N°98-750 du 23 décembre 1998 relative au domaine foncier rural.

2023 年）。根据第 4 条，农民一旦获取土地证书，其所有者必须在三年内进行土地登记，将其转化为土地所有权。如果此过程失败，土地证书便会过期作废。① 因此，这意味着到 2023 年未登记的所有土地都会被视为无主土地，并成为事实上的国家财产。该条款实际上简化了 1932 年 7 月 26 日法令所规定的登记程序，这种简化是民众和从业者长期以来所期望的。

1998 年农村土地法第 6 条背离了对习惯土地权利的充分承认。在实践中，"无主土地属于国家"。它还排除了在该法公布十年后，没有注意到习惯法下和平持续行使习惯权利被视为无主土地的情况。这意味着，在新的截止日期到来之际，即从 2023 年 9 月起，既没有经过认证也没有在土地簿中登记的习惯法下的土地将被视为无主土地。国家有义务证明这些土地没有主人。这些无主土地包括：（1）空置三年以上却无继承人认领的土地；（2）本法公布十年后，在习惯法框架内和平、持续行使习惯权利的土地尚未申请地契，2013 年修订案将这一期限延长至 2023 年；（3）在特许法规定的开发期限三年后，特许公司的权利无法得到延续的特许土地。② 国家可以出租或出售无主土地，管理费用由出租人或卖方承担。

建立农村土地管理机构——农村土地委员会（Commission Foncière rurale）。该委员会是根据 2003 年 7 月 11 日第 55-PM 号法令设立的机构。该委员会的任务源自 1998 年的农村土地法，后经 2004 年和 2013 年修订。农村土地管理村委会（Comité Villageois

---

① Art.4, Loi N°98-750 du 23 décembre 1998 relative au domaine foncier rural.

② Art.6, Loi N°98-750 du 23 décembre 1998 relative au domaine foncier rural.

de Gestion Foncière Rurale）和农村土地管理委员会（Comité de Gestion Foncière Rurale），分别负责土地权利持续占有的认证以及公众询问时的批准；指定负责土地测量网的专门测量师制定地块划分规划，编制与规划有关的技术文件。传统酋长虽然不是官方土地管理成员，但作为风俗习惯的践行者与守护者，积极参与农村土地权利的认证过程，在保障权利和解决土地纠纷方面发挥着不可替代的作用。

2004 年农村土地改革修正案。2004 年 8 月 14 日第 2004-412 号法令，修改了 1998 年农村土地法的第 26 条。1998 年农村土地法第 26 条，涉及农村土地权属修改，极大地影响了 1998 年土地法生效之前便已经取得土地产权群体的利益。第 26 条被修改为：不符合本法第一条规定的取得财产条件的自然人或法人，在本法生效之前取得的农村土地产权予以保留。[1] 由国家部长理事会的法令来制定豁免业主名单。自然人在此法颁布之前获得的土地可以合法转让给其继承人。法人可以自由转让本法颁布之前取得的土地。但是，如果受让人不符合上述第一条规定的获得产权的条件，他们则需向行政当局声明，他们将这些土地的所有权归还国家，但国家须承诺受让人享有长期租赁的权利。相邻地区农村土地证书的持有者，无论是个人还是集体，都必须在土地产权交易之前让本法指定的人优先购买计划转让的地块。该优先购买权应在出售通知发出后六个月内行使。

---

[1]　Art.26, Loi N°98-750 du 23 décembre 1998 relative au domaine foncier rural.

四、21世纪以来科特迪瓦土地制度的改进

自 2010 年科特迪瓦内战结束以来，国内较为稳定的政治局势为 1998 年土地法的落实以及改进提供了前提。为了缓和土地的区域性分歧与冲突，科特迪瓦政府在相关规范和制度方面都做了改进。

（一）对土地管理规范的持续改进

第一，对土地持有者的国籍资格进行了调整。作为 2013 年 8 月国籍法修正案的一部分，现任政府扩大了科特迪瓦国籍的资格范围。外国人可以通过满足三个条件成为科特迪瓦公民：（1）与科特迪瓦公民结婚；（2）如果他们自独立以来一直居住在科特迪瓦，在这种情况下，他们的后代也有资格获得科特迪瓦国籍；（3）如果他们在 1960 年至 1973 年间出生在科特迪瓦，在这种情况下，他们的孩子也有资格获得科特迪瓦国籍。[①]与 1972 年修正案相比，这些规定有了一些改进。它们使许多贫穷的非科籍公民得以融入社会。

第二，规范畜牧业活动，减少同农业的冲突。由于科特迪瓦

---

① Loi Nº 2013-653 du 13 septembre 2013 portant dispositions particulieres en matière d'acquisition de la nationalité par déclaration ; Loi Nº 2013-654 du 13 septembre 2013 portant modification des articles 12, 13, 14 et 16 de la loi Nº 61-415 du 14 decembre 1961 portamt Code de la Nationalité, telle que modifiée par les lois Nº 72 852 du 21 decembre 1972 et Nº 2004-662 du 17 decembre 2004 et les decisions Nº 2005 03/PR au 15 juillet 2005 et Nº 2005 09/PR du 29 aout 2005.

传统上不是一个畜牧业国家，该国的法律往往忽视或限制畜牧业活动。有关农村土地的法律，主要涉及农业用地，没有提及饲养者的土地权利。2016 年 6 月 15 日关于游牧和牲畜运输的第 2016-413 号法律旨在减少和规范牲畜的移动，以减少流动放牧以及与农民的冲突。① 该法主要针对来自邻国进行游牧活动的饲养者。

第三，2017 年《农村土地政策宣言》(*Déclaration de politique foncière rurale de la Côte d'Ivoire*)。自 2015 年以来科特迪瓦就开始对农村土地法进行讨论，2017 年 1 月，阿拉萨内·瓦塔拉政府发布了《农村土地政策宣言》，旨在确保"传统所有者、特许经营者和经营者"的土地权利，并将证书的有效期延长至 10 年（而不是最初计划的 3 年）。科特迪瓦政府在声明中明确承认，1998 年农村土地法自颁布以来面临诸多困难。连续的修正案和实施文本并未能帮助克服这些困难。而且，政府也认识到自 1998 年以来的土地管理法律部分规定并不符合总的宗旨，法律规定之间存在相互矛盾的地方，在农村适用时会产生冲突。因此，政策宣言提出了完善农村土地治理的创新举措。这些举措包括：消除第 4 条和第 17 条的含糊之处，使 1998 年法律的规定与其精神保持一致；将土地证书持有人登记其土地资产的期限设定为 10 年；作为土地证书颁发程序的一部分，将公示期缩短至一个月；统一 1932 年法令和 1955 年法令中有关农村地区土地登记的规定；在《财政法》税收附件中加入农村土地登记费率以及农村土地所有权转让、分割或

---

① Loi N° 2016-413 du 15 juin 2016 relative à la transhumance et aux déplacements du bétail.

合并费率的相关规定。

第四，2019 年土地法修订案确定了土地证明（certificat foncier）的法律地位。作为承认习惯权利的行政公证书，经土地登记取得的地契仍是农村土地所有权的唯一证明。该法第 8 条还规定，居住者具体权利的界定是通过证书持有者以对土地使用者与土地所有者都公平公正的方式来实现。然后，农村土地证明受益人必须在农村土地局的支持下与土地所有方签署正式合同。

（二）科特迪瓦政府完善土地管理机制

对科特迪瓦土地保有权环境的考察表明，土地管理涉及多个参与者。除了国家及其专门的权力下放机构，还可以列出私人机构、民间社会组织、国际非政府组织等。

首先，权力下放与土地管理。2003 年 12 月 26 日第 2003-489 号法律确立了权力下放的制度。市政府拥有法律行为能力和财政自主权，拥有自己的国家私产与公产土地。公产土地包括：属于市政府的地块，在法律或事实上被指定为街道、广场和公共花园，但由市政府负责创建和维护的地块除外；属于市政府并支持本法规定的道路许可证下的工程或其他公共利益工程的地块；属于市政府并构成城市开发或城市规划中的基础地块，定期批准或已成为公用事业的地块；所有其他财产在移交给市政府时属于公共领域……（第 1180 号法律第 103 条）[1]；分配给公共服务的财产，例如建筑

---

① Art.103, Loi N° 80-1180 du 17 octobre 1980 relative a l'organisation municipale modifiée par les lois N°85-578 du 29 juillet 1985 et 95-608 et 95-611 du 03 août 1995.

物、墓地、大厅、市场、托儿所、学校；遗产资产（第 1180 号法律第 105 条）①。

其次，中央层次的改善。根据 2013 年 7 月 25 日关于政府部门职责的第 2013-506 号法令的规定，中央部委组织科特迪瓦土地政策的实施和监督，包括内政部（上述法令第 2 条）②：落实并监督领土管理政策、权力下放政策、国内安全政策以及公民保护政策；国家规划发展部：职责具有横向性，负责领土规划和消除贫困；预算部：负责维护地籍和土地登记；经济财政部：负责土地登记动员和管理等方面费用筹集工作；环境、城市卫生和可持续发展部：与水利和森林部协调行动，负责国家公园和自然保护区的管理，监管受保护的环保设施；农业部（第 19 条）③：负责执行并监督政府的农业政策，特别是农村发展政策，通过农村土地部门保障 1998 年农村土地法的实施；农村土地部门是实施 1998 年土地法的关键；水利和森林部（第 25 条）④：执行国家水资源与森林资源保护的政策，同有关部门协调开展动植物资源的可持续管理行动；城市住房

---

① Art.105, Loi N° 80-1180 du 17 octobre 1980 relative a l'organisation municipale modifiée par les lois N°85-578 du 29 juillet 1985 et 95-608 et 95-611 du 03 août 1995.

② Art.2, Décret 2013-506 du 25 juillet 2013 portant attributions des membres du gouvernement.

③ Art.19, Décret 2013-506 du 25 juillet 2013 portant attributions des membres du gouvernement.

④ Art.25, Décret 2013-506 du 25 juillet 2013 portant attributions des membres du gouvernement.

建设、卫生与规划部（第20条）[1]：制定城镇规划和土地政策并监督其实施，管理城市土地并协助地方当局履行其职能；经济基础设施部：负责执行公共基础设施建设方面的政策；旅游休闲部：负责制定有关旅游区的开发政策；畜牧渔业资源部：对畜牧渔业资源进行可持续管理；司法部：负责确保法律的正确实施并为人民伸张正义，特别是当土地所有权纠纷时。

最后，还有其他服务机构。（1）国有土地、土地管理以及印花税登记局（La Direction du domaine, de la conservation foncière et de l'enregistrement du timbre）：负责城市和农村地区土地登记和地契保存；协调税务总局的地籍管理；协调财产税评估和控制业务；租赁业务登记；登记产权证和地契。（2）农村土地局（La Direction du Foncier rural）：管理农村国有土地；实施《农村土地法》，特别是通过宣传提高民众意识和培训各利益相关者；支持农业改革的地理信息系统建设；制定农村国有土地法；通过可持续发展农场建设和合理利用农村土地，参与农村地区土地管理战略的制定和实施；参与农村土地登记的制定和实施；监督农村土地登记。（3）国家公共土地局（La Direction du Domaine public de l'État）：参与国有公共土地管理与保护文本修订与制定；执行与公共土地有关的法律与法规，特别是占用法规；识别、划定和登记公共土地；参与公共土地登记。（4）森林发展与地籍局（La Direction du Cadastre et du Développement forestier）：制订和实施国家公产与私产林地

---

[1] Art.20, Décret 2013-506 du 25 juillet 2013 portant attributions des membres du gouvernement.

的构成与划定计划；设计国家造林计划与开发，并监督其落实；为地方当局和个人发展林业提供激励和支持；促进农村林业和农林业的发展；划定和清查国有林地，以便进行登记；定期更新林地地籍。（5）住房与土地联合办公服务局（Le Service du Guichet Unique du Foncier et de l'Habitat）：为用户提供服务的机构，帮助他们解决城镇规划和城市土地相关行为问题；在城市规划、住房建设部与其用户之间处理行政文件的关键部门。（6）促进土地产权获取局（Le Service de la Promotion de l'Accession à la Propriété Foncière）：帮助土地持有者获取地权；以国家名义建立国家土地储备，以便在科特迪瓦全境用于住房建设、工业与手工业建设与旅游专用土地；与私人合作伙伴开展城市土地开发业务。（7）城市规划局（La Direction de l'Urbanisme）：负责制定城市规划国有土地和一般土地的政策、法律以及法规，并监督其实施情况；协助地方当局处理城镇土地规划事务，特别是城区的改造和重组；监督城市土地规划的专业人员；制定和监督城镇规划和发展计划；规划城市社会文化基础设施的发展；支持为流离失所者提供住房并进行重新安置。（8）制图与地形测量局（La Direction de la Topographie et de la Cartographie）：应国家和地方政府的要求开展地形测量工作；协调和控制所有地形测量活动；监督地形测量人员；确定分配地块的地形特征；控制地块划分以建立合格证书；提交部长批准地块划分的编号；存档和更新地形图；创建和管理用于建立地理信息系统（Système d'Information Géographique）的数字和图形数据库；与地籍和国家技术发展研究办公室（Bureau National d'Études Techniques et de Développement）和遥感绘图中心（Centre de Cartographie et de Télédétection）合作，加密和保护地籍和土地测量基础设施；定位识别城市地块。（9）城市国有土地局（La Direction du Domaine Urbain）：负责管理城市国有土地私产；与有关部门合作管理工业、旅游和手工业土地；通过签发契约来实施法律法规和土地管理程序；制定土地所有权行政行为；对国家文件和行政行为进行归档；在监管期限内监控分配地块的开发情况；更新产权和地块占用登记册；对生活设施预留的地块进行盘点并监督；统计行政行为产生和管理的数据。

五、当代科特迪瓦土地制度评价

1998年《农村土地法》是管理科特迪瓦土地使用权的最重要的立法文书。该法的主要目标是通过农村土地登记，即在土地登记册上登记，使习惯权利正式化。该法律标志着乌弗埃 - 博瓦尼总统生产主义哲学的逆转：从现在起，"土地属于其所有者，而不属于开发者"。该法律承认习惯土地权，但将非科特迪瓦人排除在所有权之外，他们只能获得长期租赁，即长期房地产租赁。因此，法律规定当地居民是财产权的唯一合法持有者，这损害了通过不同途径获得土地的非科特迪瓦经营者。

第一，农村土地法实施的最新进展。由于政局不稳定，该法律的实施并不顺利。2010年至2017年间，仅颁发了约4000份土地证书，总面积为118465公顷，仅占最终目标的0.5%。而且，这些获得土地证明转变为真正的地契只占很小比例。不过，自2018年起，科特迪瓦社会趋于稳定，在得到世界银行的融资支持后，大大加快了向该国农村地区传统所有者发放土地证书的速度，数量增加了五倍。到 2023 年，已经为 18.4 万人签发了超过 3.3 万份土地证书，其中 22% 为女性。而且，政府还引入了正式的土地使用合同，仅 2023 年就签署了 1.1 万份土地使用合同，以保障农民的权利，其中许多人种植可可等经济作物。未来五年，科特迪瓦计划再发放 50 万份土地证书，签署 25 万份土地使用合同，使约 620 万人受益。①

第二，《农村土地法》的创新之处。毫无疑问，1998 年科特迪瓦《农村土地法》展现了立法上的大胆和创新。出于对原始所有者与第三方，特别是公民与非公民之间权利冲突日益加剧的担忧，该法旨在使管理程序简化、秩序化和规范化，将欧洲模式的土地所有权范式一劳永逸地合法化。承认和确定习惯权利成为这一转变的基础。新的《农村土地法》承认了习惯权利，为保护农村不动产奠定了基础。过去，未经实际占用、耕种或以其他方式开发的农村土地必然是无主土地，而现在根据习惯法对许多农村土地的集体所有权进行了法律确认，规定社区和其他群体可以获得集体土地证书。因此，大多数习惯土地可以保留在村落和其他集体中，比如家庭。毕竟，经过认证的习惯权利证书比没有任何官方证书的权利能得到更多的保护。

第三，目前农村土地制度的不足之处。首先，关于集体土地所有权的确定，仍需要持谨慎态度。虽然集体土地管理者可以获

---

① World Bank, L'enregistrement inclusif des droits fonciers, un préalable au développement durable，fiches de résultats, 08 mars 2024. Https://www.banquemondiale.org/fr/results/2024/03/08/cote-ivoire-scaling-up-customary-land-rights-registration-for-inclusion-and-sustainability.

得土地证书，但是法律对集体必须满足哪些条件才能将其证书转变为完整的地契缺乏明确清晰的规定。同时，法律允许国家将其私产土地出租给某一集体，但是关于集体如何获得法人资格的问题仍然没有得到解决。更为具体的是，大多数村落或集体的群体（包括家庭），在转变为法人时仍然面临诸多困难。这些困难的存在让作为公认的土地所有权主要形式之一的集体所有权难以获得。

其次，对未登记土地权利保护依然薄弱。1998 年《农村土地法》并没有比 1955 年法律更好地保护未登记的农村土地的权利。由于认证的强制性以及将土地证书转变为国家规定的地契产权形式，数百万农民如果不遵守或无法遵守这一规定，就很难保护自己的权利。1955 年法律规定，习惯权利的存在得到承认，但无须正式化。1998 年法律则要求进行强制认证，并为此设定了最后的期限。

结 论

土地权利的完全正规化和个人化自殖民时代便不断遭遇失败，尽管自 20 世纪 90 年代再次成为非洲土地改革的主导范式。过去三十多年的法语非洲国家改革基本上经历了适应范式与完全私有化范式两种过程。布基纳法索、马达加斯加、贝宁等国都先后承认了农村土地习惯权利的法律地位，但是在后来的改革中都又将其仅仅视为未来完全正式化的阶段性一步，进而引发了诸多争议。也就是说，法语非洲国家的所有改革都最终选择并促进了以现代成文法为基础的土地市场的发展与运行。在这方面，美国的角色无疑是最重要的，它通过其千年挑战公司以及其他国际机构来实施这一战略。所以，国际社会推动了非洲国家基于英美法律模式的国家土地法的同质化。

首先，关于习惯土地权利。土地权利的正规化与个人化对于如今仍在非洲国家发挥着重大作用的习惯权利而言，并不是一个好消息。这些国家基本都选择了将习惯权利的登记视为土地权利正式化的第一步，与传统社会的终身土地权利不一致。当然，尽管如此，习惯权利在可见的未来并不会消失，仍然将在相当长的一段时间内继续支配着农村地区的占有者和使用者的关系。就目前而言，习惯土地权利受到了多方面的挑战，包括来自外部行为体、国家内部以及性别方面的。外部主要是指国际社会的压力，主要是受西方主导的土地改革建议以及对非洲国家进行投资的外来行为的影响。内部压力则来自基于习惯权利所持有的土地的精英阶层、中央政府与地方政府之间的关系。性别平等在非洲变得日益重要，一方面是来自国际社会包括非盟的法规演变所产生的外部压力，另一方面则与非洲农业生产者身份有很大关系，绝大多数国家中，女性都是农业生产的主要来源之一，但是基于习惯法女性却很少能够享有土地权利。这是当今非洲农村生产力发展与传统制度之间的矛盾所在。

其次，关于土地权利正式化进程。自 21 世纪初所实施的土地权利正规化并没有取得如期的进展，也没有发挥出如期的积极作用。土地权利正规化本身不是目标，只是促进经济发展、减贫、减少冲突的手段之一。实际上，正规化政策被赋予了太多的目标，这些目标之间有时是多重且相互矛盾的。第一，促进个人产权很可能会导致效率低下的小生产者大量出现，进而被市场边缘化，让他们陷入贫困之中。第二，正规化不等于土地权利的保障，这之间还有很长的一段路要走。第三，正规化也不必然对投资和市场产生积极影响。在非洲，目前持有土地产权的契约与获得信贷之间的实际联系有限。对于以家庭农业为主的非洲农业而言，正规化的积极影响微乎其微，实际上只是更有利于集中土地且使用大量国外农业科技的农业企业而已。第四，正规化也不必然减少冲突。一般认为多元标准导致冲突，单一标准维护和平，但实际上所谓的标准多元导致冲突背后是制度建设的问题。不管是多元还是单一，都是制度问题。第五，私有产权的完全正规化导致对集体权利的排斥与否定。所以，土地权利正规化并不会自动带来土地权利的保障与土地安全。

　　再次，关于不同行为体的角色。第一，任何土地改革的实施都需要庞大的资金支持，标准土地权利登记要求国家土地部门具有相应的行政能力，即需要能够长期执行土地登记工作的强有力的机构与专业技术人员，而且这个行政成本是可以长期承受的。鉴于非洲国家多是世界上最不发达的国家，国力十分有限。缺乏足够的资金使这些国家的土地改革的落实大打折扣。自身国力不足使这些国家不得不依赖于外部世界的支持。资金短缺使土地改革的落实受到外部援助者的支配，从土地改革方向、内容以及具体落实的优先顺序等都要根据这些援助者自身的优先事项而非每个国家自身优先发展事项来确定。但是，如果没有外部援助者的资金与技术投入，这些国家的法律落实则变得遥遥无期，也意味着让原本混乱的土地治理体系继续恶化下去。第二，加强土地保有权分权管理，促进地方政府履行土地管理职能是当代改革的重要内容。这些国家或在20世纪70年代或在20世纪90年代都开启了权力下放的历史进程，通过各种立法明文规定承诺将土地管理职能下放至地方行政机构，包括大区、省、市、县或村等。首先，根据法律规定，这些地方行政单位均享有国家所有的土地，或直接由国家划拨土地，或直接规定本身便享有地方集体土地。其次，一般规定将土地权利登记以及随后的转让程序下放至地方政府，但是其他方面的，比如仲裁、交易验证、土地分配等多数权力仍然掌握在国家手中，地方政府更多是发挥辅助性作用。所以，相较中央政府而言，地方政府的管理权限仍然十分有限，关键性的权限依然属于国家。更何况，这些地方行为体的能力更为有限，其资金限制更多。

最后，关于土地改革的未来。因地制宜，选择走适合本国国情道路的国家才能走上正确道路。激进的、盲目的、完全的、一步到位的正规化政策遭遇了不可避免的失败，尽管这些方法依然是世界银行等国际机构的正统办法。正规化应该是个人自主意愿的决定的结果。从内容来看，新的适应性办法的回归，寻求在完全私有化、国有化以及维持习惯保有权之间走中间道路的选择，习惯保有权的土地证书、包括多种土地资源的权利组合、集体财产权等陆续出现。从管理来看，国家与地方政府之间的权责分配应更趋合理化，应加强国家与地方政府土地管理能力建设，注重同社会行为体的沟通与协商，降低潜在风险，特别是传统酋长。测量应加强高科技投入，包括遥感卫星、无人机化、数字化等，确保数据真实可信。要简化登记程序、降低成本，满足非洲民众普遍的要求。所以，我们发现很多社会经济条件都是前提，很显然这些都是非洲国家所欠缺的，在如此有限的条件下，既要进行国家能力建设，又要满足经济发展要求以及确保民众土地权利的安全，这就需要根据当地的具体情况不断探索新的方法。总之，非洲土地制度改革仍然"道阻且长"，需要非洲国家与人民在外部帮助下"上下而求索"。

主要参考文献

一、著作类

[1] 康拉德·茨威格特，海因·克茨.比较法总论 [M].潘汉典等，译.贵阳：贵州人民出版社，1992.

[2] G.G.贝莉埃.塞内加尔 [M].伍协力等，译.上海：上海人民出版社，1976.

[3] 勒内·达维德.当代主要法律体系 [M].漆竹生，译.上海：上海译文出版社，1984.

[4] 沃尔特·罗德尼.欧洲如何使非洲欠发达 [M].李安山，译.北京：社会科学文献出版社，2017.

[5] 帕特里克·格伦.世界法律传统（第三版）[M].李立红，黄英亮，姚玲，译.北京：北京大学出版社，2009.

[6] A.阿杜·博亨.非洲通史（第七卷）：殖民统治下的非洲（1880—1935）[M].北京：中国对外翻译出版公司，1991.

[7] 塞勒斯汀·孟加.非洲的生活哲学 [M].李安山，译.北京：北

京大学出版社，2016.

[8]　A. A. 马兹鲁伊. 非洲通史·第八卷：1935 年以后的非洲 [M].
中国对外翻译出版公司，2003.

[9]　霍华德·威亚尔. 非西方发展理论——地区模式与全球趋势 [M].
董正华，昝涛，郑振清，译. 北京：北京大学出版社，2006.

[10]　T. D. 罗伯茨，等. 塞内加尔 [M]. 魏晋贤，译. 兰州：甘肃人民
出版社，1980.

[11]　阿莱克斯·汤普森. 非洲政治导论 [M]. 周玉渊，译. 北京：民
主与建设出版社，2015.

[12]　埃里克·斯坦利·罗斯. 塞内加尔的风俗与文化 [M]. 张占顺，
译. 北京：民主与建设出版社，2015.

[13]　埃莉诺·奥斯特罗姆. 公共事物的治理之道 [M]. 余逊达，陈旭
东，译. 上海：上海译文出版社，2012.

[14]　拉尔夫·A. 奥斯丁. 非洲经济史：内部发展与外部依赖 [M]. 赵
亮宇，檀森，译. 上海：上海社会科学出版社，2019.

[15]　乔尔·S. 米格代尔. 强社会与弱国家：第三世界的国家社会关
系及国家能力 [M]. 张长东等，译. 南京：江苏人民出版社，
2009.

[16]　希林顿. 非洲史 [M]. 赵俊，译. 上海：中国出版集团东方出版
中心，2012.

[17]　大木雅夫. 比较法 [M]. 范愉，译. 北京：法律出版社，1999.

[18]　千叶正士. 法律多元 [M]. 强世功等，译. 北京：中国政法大学
出版社，1997.

[19]　D. 奈尔肯. 比较法律文化论 [M]. 高鸿钧，沈明等，译. 北京：

清华大学出版社，2003.

[20] 萨尔瓦托·曼库索，洪永红.中国对非投资法律环境研究 [M].
湘潭：湘潭大学出版社，2009.

[21] A.D. 罗伯茨，等.剑桥非洲史（20 世纪卷）[M].李鹏涛，译.
杭州：浙江人民出版社，2020.

[22] 安德烈·林克雷特.世界土地所有制变迁史 [M].启蒙编译所，
译.上海：上海社会科学院出版社，2015.

[23] 理查德·雷德.现代非洲史：第 2 版 [M].王梦，译.王毅，校.
上海：上海人民出版社，2014.

[24] 帕特里克·麦考斯兰.东非土地法改革——传统抑或转型 [M].
胡尔贵，吴圣凯，译.北京：知识产权出版社，2021.

[25] 威廉·托多夫.非洲政府与政治 [M].肖宏宇，译.北京：北京
大学出版社，2007.

[26] 约瑟夫·汉隆，珍妮特·曼珍格瓦，特雷萨·斯马特.土地与
政治：津巴布韦土地改革的迷思 [M].沈晓雷，刘均，王立铎，
译.刘海方，校.北京：社会科学文献出版社，2018.

[27] 爱德华·埃文思 - 普里查德，迈耶·福蒂斯.非洲的政治制度 [M].
刘真，译.北京：商务印书馆，2016.

[28] 罗伯特·H. 贝茨.热带非洲的市场与国家 [M].曹海军，唐吉
洪，译.长春：吉林出版集团，2011.

[29] 罗伯特·H. 贝茨.当一切土崩瓦解：20 世纪末非洲国家的失
败 [M].赵玲，译.北京：民主与建设出版社，2016.

[30] 马丁·梅雷迪思.非洲国：五十年独立史 [M].亚明，译.北
京：世界知识出版社，2011.

[31] H. 埃尔曼 . 比较法律文化 [M]. 贺卫方，高鸿钧，译 . 北京：清华大学出版社，2002.

[32] 艾周昌，郑家馨 . 非洲通史：近代卷 [M]. 上海：华东师范大学出版社，1995.

[33] 安春英 . 列国志·加蓬 [M]. 北京：社会科学文献出版社，2005.

[34] 北京大学非洲研究中心 . 非洲变革与发展 [M]. 北京：世界知识出版社，2002.

[35] 毕宝德 . 土地经济学：第 7 版 [M]. 北京：中国人民大学出版社，2016.

[36] 陈小君 . 农村土地法律制度研究 [M]. 北京：中国政法大学出版社，2004.

[37] 崔永东 . 中西法律文化比较 [M]. 北京：北京大学出版社，2004.

[38] 对外投资合作国别（地区）指南编制办公室 . 塞内加尔（2023年版）[M]. 商务部国际贸易经济合作研究院、中国驻塞内加尔大使馆经济商务处、商务部对外投资和经济合作司，2021.

[39] 对外投资合作国别（地区）指南编制办公室 . 布基纳法索（2021 年版）[M]. 商务部国际贸易经济合作研究院、中国驻布基纳法索大使馆经济商务处、商务部对外投资和经济合作司，2022.

[40] 对外投资合作国别（地区）指南编制办公室 . 马达加斯加（2023年版）[M]. 商务部国际贸易经济合作研究院、中国驻马达加斯加大使馆经济商务处、商务部对外投资和经济合作司，2023.

[41] 对外投资合作国别（地区）指南编制办公室. 加蓬（2023 年版）[M]. 商务部国际贸易经济合作研究院、中国驻加蓬大使馆经济商务处、商务部对外投资和经济合作司，2023.

[42] 对外投资合作国别（地区）指南编制办公室. 尼日尔（2023 年版）[M]. 商务部国际贸易经济合作研究院、中国驻尼日尔大使馆经济商务处、商务部对外投资和经济合作司，2021.

[43] 对外投资合作国别（地区）指南编制办公室. 马里（2021 年版）[M]. 商务部国际贸易经济合作研究院、中国驻马里大使馆经济商务处、商务部对外投资和经济合作司，2021.

[44] 对外投资合作国别（地区）指南编制办公室. 科特迪瓦（2023 年版）[M]. 商务部国际贸易经济合作研究院、中国驻科特迪瓦大使馆经济商务处、商务部对外投资和经济合作司，2023.

[45] 冯玉军. 全球化与中国法制的回应 [M]. 北京：四川人民出版社，2002.

[46] 高鸿钧. 全球视野的比较法与法律文化 [M]. 北京：清华大学出版社，2015.

[47] 高鸿钧. 伊斯兰法：传统与现代化 [M]. 北京：社会科学文献出版社，1996.

[48] 何芳川，宁骚. 非洲通史：古代卷 [M]. 上海：华东师范大学出版社，1995.

[49] 何勤华，洪永红. 非洲法律发达史 [M]. 北京：法律出版社，2006.

[50] 何勤华.20 世纪外国经济法的前沿 [M]. 北京：法律出版社，2002.

[51] 何勤华 . 20 世纪外国司法制度的变革 [M]. 北京：法律出版社，2003.

[52] 何勤华 . 二十世纪百位法律家 [M]. 北京：法律出版社，2001.

[53] 何勤华 . 法的移植与法的本土化 [M]. 北京：商务印书馆，2014.

[54] 何勤华 . 外国法制史 [M]. 上海：复旦大学出版社，2002.

[55] 洪永红，夏新华 . 非洲法导论 [M]. 长沙：湖南人民出版社，2000.

[56] 洪永红 . 当代非洲法律 [M]. 杭州：浙江人民出版社，2014.

[57] 黄贤金 . 非洲土地资源与粮食安全 [M]. 南京：南京大学出版社，2014.

[58] 蒋俊 . 非洲的族群政治研究 [M]. 北京：社会科学文献出版社，2024.

[59] 李安山 . 非洲民族主义研究 [M]. 北京：中国国际广播出版社，2004.

[60] 李安山 . 现代非洲史 [M]. 上海：华东师范大学出版社，2021.

[61] 李保平 . 非洲传统文化与现代化 [M]. 北京：北京大学出版社，1997.

[62] 李新峰 . 南非土地制度研究 [M]. 北京：中国社会科学出版社，2022.

[63] 林榕年，叶秋华 . 外国法制史 [M]. 北京：中国人民大学出版社，2003.

[64] 刘鸿武 . 从部落社会到民族国家 [M]. 昆明：云南大学出版社，2000.

[65] 刘鸿武 . 非洲文化与当代发展 [M]. 北京：人民出版社，2014.

[66] 刘鸿武 . 黑非洲文化研究 [M]. 上海：华东师范大学出版社，2000.

[67] 刘俊 . 土地所有权国家独占研究 [M]. 北京：法律出版社，2008.

[68] 刘守英，周飞舟，邵挺 . 土地制度改革与转变发展方式 [M]. 北京：中国发展出版社，2012.

[69] 刘天南 . 列国志•科特迪瓦 [M]. 2 版 . 北京：社会科学文献出版社，2020.

[70] 刘作翔 . 法律文化理论 [M]. 北京：商务印书馆，1999.

[71] 陆庭恩，彭坤元 . 非洲通史：现代卷 [M]. 上海：华东师范大学出版社，1995.

[72] 马克思恩格斯选集：第 2 卷 [M]. 2 版 . 北京：人民出版社，1995.

[73] 马克伟 . 土地大辞典 [M]. 长春：长春出版社，1991.

[74] 沐涛，杜英 . 列国志•布基纳法索、多哥 [M]. 北京：社会科学文献出版社，2011.

[75] 潘华琼，张象 . 列国志•塞内加尔 [M]. 北京：社会科学文献出版社，2018.

[76] 彭坤元 . 列国志•尼日尔 [M]. 北京：社会科学文献出版社，2006.

[77] 丘日庆 . 各国法律概况 [M]. 北京：知识出版社，1981.

[78] 汝信 . 非洲黑人文明 [M]. 北京：中国社会科学出版社，1999.

[79] 上海社会科学院法学研究所 . 各国宪政制度和民商法要览：非

洲分册 [M]. 北京：法律出版社，1986.

[80] 石凤友. 土地法律制度研究 [M]. 济南：山东大学出版社，2011.

[81] 舒国滢. 在法律的边缘 [M]. 北京：中国法制出版社，2000.

[82] 谭荣. 中国土地制度导论 [M]. 北京：科学出版社，2022.

[83] 田传浩. 土地制度兴衰探源 [M]. 杭州：浙江大学出版社，2018.

[84] 王建. 列国志·马达加斯加 [M]. 北京：社会科学文献出版社，2011.

[85] 王铁崖. 国际法 [M]. 北京：法律出版社，1995.

[86] 王学辉. 从禁忌习惯到法起源运动 [M]. 北京：法律出版社，1998.

[87] 王云霞. 东方法律改革比较研究 [M]. 北京：中国人民大学出版社，2002.

[88] 威格摩尔. 世界法系综论 [M]. 何勤华等，译. 上海：上海人民出版社，2004.

[89] 吴云贵. 伊斯兰教法概略 [M]. 北京：中国社会科学出版社，1993.

[90] 夏新华. 非洲法律文化史论 [M]. 北京：中国政法大学出版社，2013.

[91] 夏新华. 法律文化研究（第 11 辑）[M]. 北京：社会科学文献出版社，2018.

[92] 徐国栋. 阿尔及利亚民法典 [M]. 尹田，译. 北京：中国法制出版社，2002.

[93] 徐国栋.埃塞俄比亚民法典 [M].薛军,译.北京:中国法制出版社,金桥文化出版(香港)有限公司,2002.

[94] 徐济明,谈世中.当代非洲政治变革 [M].北京:经济科学出版社,1998.

[95] 杨青贵.集体土地所有权实现法律机制研究 [M].北京:法律出版社,2016.

[96] 杨人梗.非洲通史简编 [M].北京:人民出版社,1984.

[97] 张宏明.多维视野中的非洲政治发展 [M].北京:社会科学文献出版社,2007.

[98] 张忠祥.列国志·马里 [M].北京:社会科学文献出版社,2006.

[99] 郑家馨.殖民主义史:非洲卷 [M].北京:北京大学出版社,2000.

[100] 周诚.土地经济学原理 [M].北京:商务印书馆,2003.

[101] 周海金.非洲宗教的传统形态与现代变迁研究 [M].北京:中国社会科学出版社,2017.

[102] 朱景文.比较法导论 [M].北京:中国检察出版社,1992.

[103] 朱景文.比较法社会学的框架和方法——法制化、本土化和全球化 [M].北京:中国人民大学出版社,2001.

[104] 朱景文.法律与全球化:实践背后的理论 [M].北京:法律出版社,2004.

[105] AGERON C R. France coloniale ou parti colonial?[M].Paris: Presses universitaires de France, 1978.

[106] AKINOLA K O. & WISSINK H. (edit.). Trajectory of Land

Reform in Post-Colonial African States[M]. Switzerland: Springer, 2019.

[107] BACHELET M. Systèmes fonciers et réformes agraires en Afrique Noire[M]. Paris: LGDJ, 1968.

[108] BADIE B.L'État importé – l'occidentalisation de l'ordre politique[M]. Paris: Fayard, 1992.

[109] BARRERE O. & ROCHEGUDE A. Foncier et environnement en Afrique: Des acteurs au(x) droit(s)[M]. Paris.Editions Karthala, 2008.

[110] BECKER C. [et ali.]. AOF: réalités et héritages Sociétés ouest-africaines et ordre colonial, 1895–1960[M]. Paris: Karthala, 1997.

[111] BENJAMINSEN T. LUND C. (eds.). Securing land rights in Africa[M]. London: Frank Cass, 2003.

[112] BERTRAN A. MONTAGNE P. & KARSENTYA. (éds.). Forêts tropicales et mondialisation. Les mutations des politiques forestières en Afrique francophone et à Madagascar[M]. Paris: Cirad, L'Harmattan, 2006.

[113] BIDIMA J-G. La palabre, une juridiction de la parole[M]. Paris: Michalon, 1997.

[114] BLANC-PAMARD C. & CAMBREZY L. (éds.) Terre, terroir, territoire, les tensions foncières[M]. Paris: Orstom, 1997.

[115] BOONE C. Political topographies of the African state: Territorial authority and institutional choice[M]. Cambridge:

Cambridge University Press, 2003.

[116] BOONE C. Property and Political Order in Africa. Land Rights and the Structure of Politics[M]. Cambridge: Cambridge University Press, 2013.

[117] BOTI S N. LAMARCHE A A. et [al.] Le droit foncier ivoirien[M]. Abidjan : Centre national de documentation juridique, 2016.

[118] BOUTILLIER J-L.Les structures foncières en Haute-Volta[M]. Ouagadougou : ORSTOM, 1964.

[119] BRAWAND A. [et ali.]. Le village piégé: Urbanisation et agro-industrie sucrière en Côte d'Ivoire[M]. Genève: Graduate Institute Publications, 1978.

[120] BREUSERS M. On the Move. Mobility, Land Use and Livelihood Practices on the Central Plateau in Burkina Faso[M]. Hambourg : Apad-Lit Verlag, 1999.

[121] BUTTOUD G. & NGUINGUIRI J-C. (éds). La gestion inclusive des forêts d'Afrique centrale : passer de la participation au partage des pouvoirs. FAO-CIFOR : Libreville-Bogor, 2016.

[122] BUTTOUD G. La forêt et l'État en Afrique sèche et à Madagascar. Changer de politiques forestières[M].Paris: Karthala, 1995.

[123] CAVERIVIERE M., DEBENE M. Le droit foncier sénégalais[M]. Paris: Berger–Levrault, 1988.

[124] CHAUVEAU J.-P., JACOB J.-P. & LE MEUR P.-Y. (éds.) Gouverner les hommes et les ressources : dynamiques de la frontière[M]. Paris: Armand Colin, 2004.

[125] CHOUQUER G. Les régimes de domanialité foncière dans le monde de l'Antiquité à nos jours : une proposition d'architecture juridique[M]. Besançon: Presses universitaires de Franche-Comté, 2022.

[126] COLIN J.-P., LE MEUR P.-Y. & LÉONARD E. (éds.) Les politiques d'enregistrement des droits fonciers. Du cadre légal aux pratiques locales[M]. Paris: Karthala, 2009.

[127] COLIN J-P. DELVILLE P L. & LEONARD E.(éds.) Le foncier rural dans les pays du Sud.Enjeux et clés d'analyse[M]. Marseille: IRD Éditions, 2022.

[128] COLIN J-P. et al. (eds), Les politiques de reconnaissance des droits fonciers. Du cadre légal aux pratiques locales[M].Paris: IRD Karthala, 2009.

[129] COLIN J-P. LE MEUR P-Y. & ERIC L. (éds.) Les politiques d'enregistrement des droits fonciers : du cadre légal aux pratiques locales[M]. Paris : Karthala, 2009.

[130] CONAC F. (dir.). La terre, l'eau et le droit en Afrique, à Madagascar et à l'Ile Maurice[M]. Bruxelles: Bruylant, 1998.

[131] CROUSSE B. LE BRIS E. LE ROY E. (éds.) Espaces disputés en Afrique noire. Pratiques foncières locales[M]. Paris: Éditions Karthala, 1986.

[132] DAGROU T. Comprendre le code foncier rural de la Côte d'Ivoire[M]. Abidjan: Canaan–Imprimerie, 2003.

[133] DAHOU T. (éd.). Libéralisation et politique agricole au

Sénégal[M]. Paris: Karthala, 2008.

[134] DEROCHE F.Les peuples autochtones et leur relation originale à la terre[M]. Paris: L'Harmattan, 2008.

[135] EBERHARD C. (dir.). Law, land use and the environment: Afro-Indian dialogues[M]. Pondichéry: Institut Français de Pondichéry, 2008.

[136] GASSE V. Les régimes fonciers africains et malgache. Évolution depuis l'indépendance[M]. Paris: LGDJ, 1971.

[137] GBAGO G B. AIVO J. [et ali]. Enjeux économiques et environnementaux des maîtrises foncières en Afrique[M]. Limal: Anthemis, 2019.

[138] GHISLAIN O. (dir.). Contributions à l'étude des systèmes juridiques autochtones et coutumiers[M]. Québec: Presses de l'Université Laval, 2018.

[139] GIANOLA E C. La sécurisation foncière, le développement socio-économique et la force du droit. Le cas des économies ouest-africaines de plantation (la Côte-d'Ivoire, le Ghana et la Mali)[M]. Paris: l'Harmattan, 2000.

[140] GRAF. Agrobusiness au Burkina Faso. Quels effets sur le foncier et la modernisation agricole ? [M]. Ouagadougou / Amsterdam : Graf / Kit, 2011.

[141] HAZARD J. Le droit de la terre en Afrique au Sud du Sahara[M]. Paris: Maisonneuve, 1971.

[142] HOLDEN S T. OTSUKA K. DEININGER K. (eds.). Land Tenure

Reform in Asia and Africa Assessing Impacts on Poverty and Natural Resource Management[M]. New York: Palgrave Macmillan, 2013.

[143] JACOB J.-P. et LE MEUR P.-Y. (éds.). Politique de la terre et de l'appartenance. Droits fonciers et citoyenneté locale dans les sociétés du Sud[M]. Paris: Karthala, 2010.

[144] JACOB J.-P. Terres privées, terres communes. Gouvernement de la nature et des hommes en pays winye, Burkina Faso[M]. Paris: IRD éditions, 2007.

[145] KARPE P. Le droit au consentement préalable, libre et éclairé des collectivités autochtones en Afrique[M].Montpellier: Cirad, 2013.

[146] KOFFI A. & ZOUNGRANA P T. Logiques paysannes et espaces agraires en Afrique[M]. Paris: Karthala, 2010.

[147] KOUASSIGAN G A. L'homme et la terre: Droits fonciers coutumiers et droits de propriété en Afrique Occidentale[M]. Paris: Editions Berger-Levrault, 1966.

[148] LAFAY M. LE GUENNEC-COPPENS F. & COULIBALY E. (dir.) Regards scientifiques sur l'Afrique depuis les Indépendances[M]. Paris: Karthala, 2016.

[149] LAVIGNE-DELVILLE P. (dir.). Quelles politiques foncières pour l'Afrique rurale? Réconcilier pratiques, légitimité et légalité[M]. Paris: Karthala, 1999.

[150] LAVIGNR DELVILLE P. [et al.]. Prendre en compte les enjeux

fonciers dans une démarche d'aménagement. Stratégies foncières et bas-fonds au Sahel[M]. Paris: Éditions du Gret, 2000.

[151] LE BRIS E.LE ROY E. & LEIMDORFER F. (dir.). Enjeux fonciers en Afrique norie[M]. Paris: Karthala, 1983.

[152] LE ROY E. KARSENTY A. & BERTRAND A. (ed.). La sécurisation foncière en Afrique: pour une gestion viable des ressources renouvelables[M]. Paris : Karthala, 1996.

[153] LE ROY E. LE BRIS E. & MATHIEU P. L'appropriation de la terre en Afrique noire: Manuel d'analyse, de décision et de gestion foncière[M]. Paris: Éditions Karthala, 1991.

[154] LE ROY É.La terre de l'autre : une anthropologie des régimes d'appropriation foncière[M]. Paris: Lextenso, 2011.

[155] Machyo C. B. Land ownership and economic progress[M]. London: Lumumba Memorial Publications,1963.

[156] MADJARIAN G. L'invention de la propriété, De la terre sacrée à la société marchande[M]. Paris: L'Harmattan, 2000.

[157] MAMDANI M. Citoyen et sujet : l'Afrique contemporaine et l'héritage du colonialisme tardif[M]. Paris: Karthala, 2004.

[158] MANJI A. The politics of land reform in Africa: from communal tenure to free markets[M]. Londres / New York: Zed Books, 2006.

[159] MANN K. & ROBERT R. Law in Colonial Africa[M]. Oxford: James Currey, Portsmouth, NH: Heinemann, 1991.

[160] MARTENS L.Sankara, Compaoré et la Révolution burkinabè[M]. Paris: EPO International, 1989.

[161] MBAYE K. Les droits de l'homme en Afrique[M]. Paris: Pedone, 1992.

[162] MCAUSLAN P. Legal pluralism as a policy option: Is it desirable? Is it doable, Land Rights for African Development: From Knowledge to Action[M]. Nairobi: UNDP-International Land Coalition, 2005.

[163] MOSLEY P. Land Reform in Developing Countries[M]. New York, Routledge: 2009.

[164] MOTTET M.Le droit de la décentralisation au Burkina Faso. Manuel pratique de droit des collectivités territoriales. Manuel de pratiques de droit des collectivités territoriales[M]. Paris: l'Harmattan, 2011.

[165] NTAMPAKA C. Introduction aux systèmes juridiques africains[M]. Namur: Presses universitaires de Namur, 2004.

[166] OLOWALE E. La nature du droit coutumier africain[M]. Paris: Présence africaine, 1961.

[167] ONAZI O. (edit.) African Legal Theory and Contemporary Problems, Critical Essays [M].New York /London: Springer, 2014.

[168] OSTROM E. Governing the commons, the evolution of institutions for collective action[M]. Cambridge: Cambridge University Press, 1990.

[169] RAKOTO H. Chair de la terre, œil de l'eau... Paysanneries et recompositions de campagnes en Imerina (Madagascar)[M]. Paris : Orstom éditions, 1995.

[170] RAYAUD M M. DIOP D. SIMONNEAU C. (Dir.). Repenser les moyens d'une sécurisation foncière urbaine. Le cas de l'Afrique francophone[M]. Montréal: Éditions Trames, 2013.

[171] SANDRON F. Population rurale et enjeux fonciers à Madagascar[M]. Antanarivo-Paris : CITE-Karthala, 2008.

[172] SCHIMITT C. Le nomos de la terre[M]. Paris: Presse Universitaire de France, 2001.

[173] STEMMM V. Structures et politiques foncières en Afrique de l'Ouest[M]. Paris: L'Harmattan, 1998.

[174] TAKEUCHI S. (ed.) African Land Reform Under Economic Liberalisation[M]. Singapore: Springer, 2022.

[175] TAPOYO F. Les règles coutumières au Gabon: Parenté, mariage, succession [M]. Paris: L'Harmattan, 2016.

[176] TOULMIN C. & QUAN J. (eds). Evolving Land Rights, Policy and Tenure in Africa[M]. London: IIED, 2000.

[177] TRIBILLON J.-F. L'urbanisme[M]. Paris: La Découverte, 2010.

[178] TURNER V. (ed.). Colonialism in Africa: 1870-1960, Volume 3[M]. Cambridge : Cambridge University Press, 1971.

[179] VANDERLINDEN J. Les systèmes juridiques africains[M]. Paris: Presses universitaires de France, 1983.

[180] WINTER G. (éd.). Inégalités et politiques publiques en

Afrique, pluralité des normes et jeux d'acteurs[M]. Paris: Karthala, 2001.

[181] ZAGRÉ P. Les politiques économiques du Burkina Faso : une tradition d'autoajustement structurel[M]. Paris: Karthala, 1994.

[182] ZOMA V. NABALOUM T A. & SANGLI G. Femme et foncier en milieu rural en Afrique Subsaharienne[M].Munich: GRIN Verlag, 2022.

二、论文类

[1] 艾周昌. 殖民地时期加纳土地制度的变化 [J]. 西亚非洲, 1991(5): 6, 55-61, 80.

[2] 安春英. "一带一路" 背景下的中非粮食安全合作: 战略对接与路径选择 [J]. 亚太安全与海洋研究, 2017(2): 93-105.

[3] 曾兴华, 覃杏花. 马克思对土地问题的理论探索及启示 [J]. 现代农业研究, 2019(9): 101-106.

[4] 陈慧荣. 土地分配与政治秩序: 以非洲和拉美国家为例 [J]. 国外理论动态, 2020(3): 152-162.

[5] 陈慧荣. 土地制度与再分配的政治学 [J]. 实证社会科学, 2017(2): 24-31.

[6] 丰雷, 郑文博, 胡依洁. 大规模土地确权: 非洲的失败与亚洲的成功 [J]. 农业经济问题, 2020(1): 114-124.

[7] 冯理达, 杨崇圣. 私有土地还是集体土地: 加纳土地制度的演变和改革的道路选择 [J]. 非洲研究, 2022(1): 98-118.

[8] 洪永红.论独立后津巴布韦习惯法的新趋势[J].西亚非洲，2009(12)：57-62，80.

[9] 胡贤鑫，胡舒扬.略论马克思的土地所有权理论[J].江汉论坛，2014(8)：48-51.

[10] 胡洋.传统与现代：加纳传统土地制度改革析论[J].西亚非洲，2021(5)：76-102，158-159.

[11] 黄振乾.国家制度形态的发育程度与土地改革——对独立后非洲国家的实证分析[J].经济社会体制比较，2020(3)：117-129.

[12] 黄正骊.非洲土地制度与基础设施发展[J].中国投资，2022(9-10)：22-23.

[13] 李可.马克思民族土地习惯法强制变革论研究[J].世界民族，2020(6)：1-12.

[14] 廖建凯.土地法的理念更新与制度完善[J].中国农业资源与规划，2007(2)：42-46.

[15] 刘鸿武.论非洲国家治理问题的特殊性及对中非关系的影响[J].当代世界，2013(7)：14-18.

[16] 刘丽，陈丽萍.明晰权属 规划空间——从非洲"土改"看全球土地治理趋势[J].资源导刊，2014(12)：48-49.

[17] 刘丽，陈丽萍.全球治理中的非洲土地制度改革[J].国土资源情报，2014(11)：30-36.

[18] 刘伟才.非洲国家土地与农业事务中的若干二元性问题[J].中国投资，2022(9-10)：33-35.

[19] 刘伟才.认识非洲国家土地改革的复杂性与长期性——读《后殖民时代非洲国家土地改革的轨迹：寻求可持续发展与利

用》[J]. 中国投资，2023(94)：118-119.

[20]　邵彦敏. 论马克思东方社会土地制度理论 [J]. 当代经济研究，2010(2)：12-16.

[21]　邵彦敏. 马克思土地产权理论的逻辑内涵及当代价值 [J]. 马克思主义与现实，2006(3)：149-151.

[22]　唐丽霞，宋正卿. 非洲土地买卖和租赁制度及对中国对非洲投资的启示 [J]. 世界农业，2015(2)：5-10，26.

[23]　王俊，朱丽东，叶玮，程雁. 近15年来非洲土地利用现状及其变化特征 [J]. 安徽农业科学，2009(6)：2628-2631.

[24]　夏吉生. 非洲妇女在土地、财产继承和婚姻方面的法律地位问题 [J]. 法律文化研究，2018(11)：258-265.

[25]　徐国栋. 非洲各国法律演变过程中的外来法与本土法——固有法、伊斯兰教法和西方法的双重或三重变奏 [J]. 法律文化研究，2018(00)：118-202.

[26]　徐振伟，张力文. 非洲"新圈地运动"及中国的态度和策略 [J]. 理论视野，2017(1)：75-79.

[27]　杨梦露. 马克思土地产权理论的当代启示 [J]. 人民论坛，2016(29)：112-113.

[28]　张墨逸，黄贤金，陈志刚. 土地制度变革对粮食生产绩效研究 [J]. 土地经济研究，2014(2)：79-90.

[29]　AHMED A. La législation foncière agricole en Algérie et les formes d'accès à la terre.Régulation foncière et protection des terres agricoles en Méditerranée[J].Bulletin IFAN, série B, 2011(66): 35-51.

[30] AKA A. Analyse de la nouvelle loi de 1998 au regard de la réalité foncière et de la crise sociopolitique en Côte d'Ivoire. Retour au foncier[J].Bulletin de liaison du LAJP, 2001(26):130-143.

[31] ALLIOT M. La coutume dans les droits originellement africains[J].Bulletin de liaison du LAJP, 1985(7-8): 79-100.

[32] ALLIOT M. Les résistances traditionnelles au droit moderne dans les États d'Afrique francophones et à Madagascar[J]. Études de Droit africain et de droit malgache, Paris, Cujas, 1964: 235-256.

[33] ANON. Un aperçu sur le domaine foncier rural en Côte d'Ivoire[J].Terre et progrès, édition MINAGRA, Abidjan, 1994(3).

[34] ARNOT C. LUCKERT M. & BOXALL P. What is tenure security? Conceptual implications for empirical analysis[J].Land Economics, 2011, 87(2): 297-311.

[35] AUBAGUE S. BAARÉ N. S. Terres pastorales au Niger : les éleveurs face à la défense de leurs droits[J].Revue Grain de sel, 2016-2017, (73):10-11.

[36] AXIONOV I. SVETCHNIKOVA L.La théorie du droit coutumier dans la recherche : ethnologie, théorie du droit et histoire du droit[J]. Droit et cultures, 2005(50):29-48.

[37] BLANC-JOUVAN X.Les droits fonciers collectifs dans les coutumes malgaches[J].Revue internationale de droit

comparé, 1964, 16(2):333-368.

[38] BONNASSIEUX A. Stratégies et dynamiques au Niger face aux contraintes environnementales [J].Les cahiers d'Outre-Mer, 2015(270):101-113.

[39] BOUE C. BOSC P M. COLIN J-P. Quelle demande de formalisation légale des droits fonciers? [J].Revue Tiers Monde, 2016 (3): 37-64.

[40] BOUQUET E. State-led land reform and local institutional change: land titles, land markets and tenure security in Mexican communities[J].World Development, 2009, 37(8): 1390-1399.

[41] BOUTINOT L. De la complexité de la décentralisation. Exemple de la gestion des ressources forestières au Sénégal[J/OL].Bulletin de l'APAD, 2001, (22).URL : http:// apad.revues.org/52.

[42] BROMLEY D W. Formalising property relations in the developing world: The wrong prescription for the wrong malady[J]. Land Use Policy, 2008(26): 20-27.

[43] BURNOD P. ANDRIANIRINA-RATSIALONANA R. &TEYSSIER A. Processus d'acquisition foncière à grande échelle à Madagascar : quelles régulations sur le terrain ? [J].Cahiers agricultures, 2013, 22 (1) : 33-38.

[44] BURNOD P. ANDRIANIRINA-RATSIALONANA R. GINGEMBRE M. Competition over authority and access: International land

deals in Madagascar[J]. Development and Change, 2013, 44 (2) : 357-379.

[45] CAVERIVIERE M. Incertitudes et devenir du droit foncier sénégalais[J].Revue internationale de droit comparé, 1986, 38(1): 95-115.

[46] CHAIBOU A. La jurisprudence nigérienne en droit de la famille et l'émergence de la notion de la notion de 'coutume urbaine' [J].Journal of legal pluralism, 1998(42):157-170.

[47] CHAUVEAU J-P.Question foncière et construction nationale en Côte d'Ivoire Les enjeux silencieux d'un coup d'État[J]. Politique africaine 2000, 2 (78): 94 -125.

[48] CHIMHOWU A. & WOODHOUSE P. Customary vs Private Property Rights? Dynamics and trajectories of vernacular land markets in sub-Saharan Africa[J]. Journal of Agrarian Change, 2006, 6(1): 346-371.

[49] CHOUQUER G. Enjeux fonciers. Troisième partie: thèmes transversaux[J]. Études rurales, 2010(186): 211-224.

[50] COLIN J.-P. Securing rural land transactions in Africa. An Ivorian perspective[J].Land Use Policy, 2013(31): 430-440.

[51] COLIN J-P. Côte d'Ivoire: droits et pratiques fonciers et relations intra-familiales, les bases conceptuelles et méthodologiques d'une approche compréhensive[J]. Land Reform, Land Settlement and Cooperatives, 2004(2) : 54-66.

[52] COLIN J-P. La question foncière à l'épreuve de la reconstruction en Côte d'Ivoire : Promouvoir la propriété privée ou stabiliser la reconnaissance sociale des droits ?[J]. Les Cahiers du Pôle Foncier, 2014(6).

[53] DEBOUET B. La terre, la personne et le contrat : exploitation et associations familiales en Bourbonnais (XVIIe-XVIIIe siècles) [J]. Revue d'histoire moderne & contemporaine, 2003, 50(2) : 27-51.

[54] DEININGER K. & BINSWANGER H. The Evolution of the World Bank's Land Policy: Principles, experience and future challenges[J].World Bank Research Observer, 1999, 14(2): 247-276.

[55] DEININGER K. & FEDER G.Land Registration, Governance, and Development: Evidence and Implications for Policy[J]. The World Bank Research Observer, 2009, 24(2): 233-266.

[56] DELVILLE P L. Les réformes de politiques publiques en Afrique de l'Ouest, entre polity, politics et extraversion[J]. Gouvernement et Action Publique, 2018, 7(2): 53-73.

[57] DRIBERG J H. The African Conception of Law[J].Journal of the Royal African Society, 1935, 34(136):230-246.

[58] FEDER G. & NORONHA R. Land Rights Systems and Agricultural Development in Sub-Saharan Africa[J].World Bank Research Observer,1987, 2 (2): 143-169.

[59] JAMART C.Le Code rural du Niger. Une expérience unique

de gouvernance du foncier agropastoral[J]. Revue Grain de sel. 2012(57):26-27.

[60] KARSENTY et al.Paiements pour services environnementaux: le salut par la déforestation évitée ?[J].Revue Tiers Monde, 2010, 2(202):57-74.

[61] LAMARCHE A A. L'accès à la terre en Côte d'Ivoire : diversité et variabilité des pluralismes[J/OL]. La Revue des droits de l'homme，2019（16）.Url: https://journals.openedition.org/revdh/7150.

[62] LAVIGNE DELVILLE P. Sécurisation foncière, formalisation des droits, institutions de régulation foncière et investissements. Pour un cadre conceptuel élargi[J].Revue des Questions foncières, 2010(1):5-34.

[63] LAVIGNE DELVILLE Ph. Quelques mystères de l'approche de Hernando de Soto[J].L'Économie politique, 2005, 4(28) : 92-106.

[64] LAVIGNE DELVILLE Ph. Sécurité, insécurités et sécurisation foncières : un cadre conceptuel[J].Réforme agraire et coopératives, 2006(2):18-25.

[65] LAVIGNE-DELVILLE Ph. Sécurisation foncière, formalisation des droits, institutions de régulation foncière et investissements. Pour un cadre conceptuel élargi[J].Revue des questions foncières, FAO, 2010(1):5-34.

[66] LE ROY E. Éditorial. Le pluralisme juridique aujourd'hui ou

l'enjeu de la juridicité[J].Cahiers d'anthropologie du droit, 2003: 7-17.

[67] LE ROY É. La généralisation de la propriété privée de la terre, une fausse bonne solution pour l'Afrique Noire[J].Cahiers d'Anthropologie du Droit, Hors-série « Juridicités » , Paris Karthala, 2006 : 93-104.

[68] LEVY-BRUHL H. Introduction à l'étude du droit coutumier africain[J]. Revue internationale de droit comparé, 1956, 8(1):67-77.

[69] LUND C. Property and Citizenship. Conceptually Connecting Land Rights and Belonging in Africa[J].Afrika Spectrum, 2011, 46(3) :71-75.

[70] MAGNANT J-P. Le droit et la coutume dans l'Afrique contemporaine[J]. Revue internationale interdisciplinaire, 2004(2): 167-192.

[71] MAGNANT J-P. Le droit et la coutume dans l'Afrique contemporaine[J].Droit et cultures, 2004(48): 167-192.

[72] MBODJ F. Gestion des ressources forestières au Mali et revendication des territoires[J].Anthropologie et développement, 2014(37-38-39): 43-67.

[73] MCAUSLAN P. Making Law Work: Restructuring Land Relations in Africa[J]. Development and Change, 1998(29): 525-552.

[74] NGUEMA ONDO O S. La problématique foncière au Gabon et

la nécessité de son ouverture vers l'extérieur[J].Problématique Foncière en Afrique francophone, 2009(5):3-8.

[75] OUEDRAOGO H M.G. De la connaissance à la reconnaissance des droits fonciers africains endogènes[J/OL]. Études rurales, 2011(187). Url:[75]http://journals.openedition.org/ etudesrurales/9388.

[76] PETERS P. E. Inequality and social conflict over land in Africa[J].Journal of Agrarian Change, 2004, 4(3):269-314.

[77] PLACE F. Land tenure and agricultural productivity in Africa: A comparative analysis of the economics literature and recent Policy strategies and reform[J].World Development , 2009, 37 (8): 1326-1336.

[78] PLATTEAU J-Ph. The Evolutionary Theory of Land Rights as Applied to Sub-Saharan Africa: A Critical Assessment[J]. Development and Change, 1996, 27(1): 29-86.

[79] RIBOT J-C. A History of Fear: Imagining Deforestation in the West African Dryland Forests[J]. Global Ecology and Biogeography , 1999(8):291-300.

[80] ROCHEGUDE A. Foncier et décentralisation. Réconcilier la légalité et la légitimité des pouvoirs domaniaux et fonciers[J]. Bulletin de liaison du LAJP, 2001(26): 15-43.

[81] ROCHEGUDE A. La réforme foncière à Madagascar : Relire le droit de propriété sur la terre[J]. Cahiers d'anthropologie du droit 2007-2008, Paris Karthala, 2007-2008: 215-247.

[82] ROCHEGUDE A.Foncier et décentralisation : Réconcilier la légalité et la légitimité des pouvoirs domaniaux et fonciers[J]. Retour au foncier, Bulletin de liaison du LAJP, 2001(26):13-33.

[83] SHIPTON P. & GOHEEN M. Introduction: Understanding African Land-Holding: Power, Wealth and Meaning[J].Africa, 1992, 62 (3) : 307-325.

[84] SHIPTON P. Land and Culture in tropical Africa: Soils, Symbols, and the Metaphysics of the Mundane[J]. Annual Review of Anthropology, 1994(23): 347-377.

[85] SIDIBE A S. Domaine national, la loi et le projet de réforme[J]. La Revue du Conseil Economique et Social, 1997(2): 55-72.

[86] SIKOR T. & LUND T. Access to Property: A Question of Power and Authority[J].Development and Change, 2009, 40 (1): 1-22.

[87] SJAASTAD E. & BROMLEY D W. Indigenous land rights in sub-Saharan Africa: Appropriation, security and investment demand[J].World Development, 1997, 25(4): 549-562.

[88] SJAASTAD E. & BROMLEY D W. The prejudices of property rights. On individualism, specificity and security in property regimes[J].Development policy review, 2000, 18(4): 365-389.

[89] SMITH R E. Land tenure reform in Africa: a shift to the defensive[J]. Progress in Development Studies, 2003, 3 (3): 210-222.

[90] STAMM V. Formaliser les pratiques coutumières. Europe médiévale, Afrique coloniale et contemporaine[J].Études rurales, 2013, 191(1): 169-189.

[91] TOULMIN C. Securing land and property rights in sub-Saharan Africa: The role of local institutions[J].Land Use Policy, 2009, 26(1):10-19.

[92] TRIBILLON J-F. Les régimes fonciers en Afrique subsaharienne[J]. L'Economie Politique, 2018(78): 30-39.

[93] VENDRYES T. Peasants against private property rights: A review of the litterature[J].Journal of Economic Surveys, 2011, 28(5):971-995.

[94] KWANE O. L'Evolution du Droit Foncier en Afrique Occidentale[J]. Verfassung und Recht in Übersee, 1973, 6(4): 385-405.

[95] MBAMI V K. Les droits originellement africains dans les récents mouvements de codification : le cas des pays d'Afrique francophone subsaharienne[J].Les Cahiers de droit, 2005, 46(1-2): 315–338.

[96] HESSELING G. & BERNARD C. Transformations foncières dans la vallée du Sénégal; enjeux politiques et ethniques[J]. Politique Africaine, 1994(55): 89-100.

[97] LAMBERT S. SINDZINGRE A. Droits de propriété et modes d'accès à la terre en Afrique: une revue critique[J]. Cahiers d'économie et sociologie rurales, 1995(36):96-128.

三、报告类

[1]   ANDRIANIRIANA N. ANDRIANIRINA-RATSIALONANA
R. BURNOD P. La décentralisation de la gestion foncière
contribue-t-elle au legal empowerment？[R].Landscope.
Notes de l'Observatoire du Foncier à Madagascar, N°6,
2012.

[2]   ANDRIANIRIANA N. ANDRIANIRINA-RATSIALONANA
R. BURNOD P. Malagasy local land offices: what are the
determinants of their integration in the local governance?[R].
World Bank. Annual Work Bank Conference on Land and
Poverty 2013, Washington, USA, 2013.

[3]   ANDRIANIRINA-RATSIALONANA R. Guichet foncier, service
communal ou greffon des projets de développement？[R].
Notes de réflexion de l'Observatoire du Foncier. Landscope
2, 2009.

[4]   AUBERT S. D'AQUINO P. BOUSQUET F. ANTONA M. TOULMIN
C. L'approche par les communs de la terre et des ressources
qu'elle porte : illustration par six études de cas[R].
Regards sur le foncier N° 6, Comité Technique « Foncier &
Développement » , Paris: MAE / AFD, 2019.

[5]   BARRIERE O. BONNET B.Analyse des trajectoires des
politiques et du droit foncier agropastoral en Afrique de

l'Ouest[R].Regards sur le foncier N° 17, Comité technique « Foncier & développement », Paris: AFD/MEAE, 2023.

[6] BASSERIE V. & D'AQUINO P. Securing and regulating land tenure: putting the issues before the tools. Some of the obstacles to coheent policies[R].Briefing notes, "Land Tenure & Development" Technical Committee, Paris: MAE/ AFD, 2011.

[7] BASSERIE V. et D'AQUINO P.Sécurisation et régulation foncière : des enjeux aux outils. Quelques obstacles à la cohérence des politiques[R].Comité technique « Foncier et développement », Paris: MAE / AFD, 2011.

[8] BIGNEBAT C. KOUAMÉ G. et COLIN J.-P. Le marché des contrats agraires en basse Côte d'Ivoire[R]. Comité technique « Foncier et développement », Paris: AFD / MAEE, 2010.

[9] BONNECASE V. Les étrangers et la terre en Côte-d'Ivoire à l'époque coloniale[R].Montpellier: IRD, Travaux et Documents RÉFO, N° 2, 2001.

[10] BONNEFOND M. & DESROUSSEAUX M. AFAFE: a decentralised tool for agricultural, forest and environmental land management[R]. Briefing notes, "Land Tenure & Development" Technical Committee, Paris: MAE/AFD, 2020.

[11] BONNEFOND M. & DESROUSSEAUX M. Cadastre: as much a land tool as a fiscal tool[R]. Briefing notes, "Land Tenure &

Development" Technical Committee, Paris: MAE/AFD, 2021.

[12] BOUBACAR Y. Les acquis de la loi pastorale Ordonnance 2010-2029 relative au pastoralisme et ses décrets d'application[R]. Rome: Organisation des Nations Unies pour l'alimentation et l'agriculture, 2021.

[13] BRON-SAIDATOU F. La gouvernance foncière au Niger : malgré des acquis, de nombreuses difficultés[R].Comité technique « Foncier et développement » , Fiche-pays N°7 , Paris: MAE /AFD, 2015.

[14] BURNOD P. & BOUQUET E. Certificates as a tool for securing land rights in Madagascar: Initial impressions and outstanding issues[R].Briefing notes, "Land Tenure & Development" Technical Committee, Paris: MAE/AFD, 2022.

[15] CHAUVEAU J.-P., COLIN J.-P., JACOB J.-P., LAVIGNE DELVILLE P.& LE MEUR P.-Y. Modes d'accès à la terre, marchés fonciers, gouvernance et politiques foncières en Afrique de l'Ouest, Résultats du projet de recherche Claims[R].Londres: IIED, 2006.

[16] CHAUVEAU J-P.The troubled history of customary rights registration policies in rural sub-Saharan Africa[R].Briefing notes, "Land Tenure & Development" Technical Committee, Paris: MAE/AFD, 2018.

[17] CHAUVEAU J-Ph. Les leçons de l'histoire. Les politiques de formalisation des droits "coutumiers" en Afrique subsaharienne depuis la période coloniale[R]. Nogent-sur-Marne, Comité technique « Foncier et développement », 2013.

[18] CHOUQUER G. Aspects and characteristics of State-owned land in West Africa [R].Briefing notes, "Land Tenure & Development" Technical Committee, Paris: MAE/AFD, 2011.

[19] COLIN J.-P. La formalisation des droits fonciers : perspectives économiques[R]. Nogent-sur-Marne, Comité technique « Foncier et développement », 2013.

[20] COLIN J.-P. Étude sur la location et les ventes de terre rurales en Côte d'Ivoire. Rapport 1. Diagnostic des pratiques, Abidjan, République de Côte d'Ivoire[R]. Ministère de l'Agriculture / délégation de l'Union européenne, 2008.

[21] COLIN J-Ph. & BIGNEBAT C. Le marché des contrats agraires en basse Côte d'Ivoire[R].Comité technique « Foncier et Développement », 2010.

[22] COLIN J-Ph. Investissements dans les agricultures familiales d'Afrique subsaharienne, sécurité foncière et formalisation des droits[R].Briefing notes, "Land Tenure & Development " Technical Committee, Paris: MAE/AFD, 2018.

[23] COLIN J-Ph. Securing market land transactions in rural West Africa[R]. Briefing notes, "Land Tenure & Development" Technical Committee, Paris: MAE/AFD, 2017.

[24] COMBY J. Création et sécurisation de la propriété en Europe[R]. Comité technique « Foncier et développement », Paris: MAE/AFD, 2011.

[25] COMBY J. L'impôt foncier[R].Comité technique « Foncier et développement », Paris: MAE / AFD, 2011.

[26] COMITÉ TECHNIQUE « FONCIER ET DÉVELOPPEMENT » La loi foncière en Côte d'Ivoire[R]. Note de synthèse N° 8, Paris: AFD/MAEE, 2012.

[27] COMITÉ TECHNIQUE « FONCIER ET DÉVELOPPEMENT ». Actes du forum « Foncier et développement » [R].Paris: AFD/ MAEE, 2010.

[28] COMITÉ TECHNIQUE « FONCIER ET DÉVELOPPEMENT ». Appropriation de terres à grande échelle et investissement agricole responsable[R]. Paris: Comité technique « Foncier et développement », 2010.

[29] COMITÉ TECHNIQUE « FONCIER ET DÉVELOPPEMENT ». Avancées, limites et d de la réforme foncière rurale au Burkina Faso[R].Note de synthèse N°14, Paris: AFD / MAEE, 2014.

[30] COMITÉ TECHNIQUE « FONCIER ET DÉVELOPPEMENT ». Gouvernance foncière et sécurisation des droits dans

les pays du Sud, Livre blanc des acteurs français de la Coopération[R].Paris: AFD / MAEE, 2009.

[31] COMITÉ TECHNIQUE « FONCIER ET DÉVELOPPEMENT » . La formalisation des droits sur la terre dans les pays du Sud: Dépasser les controverses et alimenter les stratégies[R]. Paris: MAE / AFD, 2015.

[32] COMITÉ TECHNIQUE « FONCIER ET DÉVELOPPEMENT » . La formalisation des droits sur la terre: bilan des expériences et des réflexions[R]. Regards sur le foncier N°2, Comité technique Foncier et développement, AFD, MAEDI, Paris: 2014.

[33] COMITÉ TECHNIQUE « FONCIER ET DÉVELOPPEMENT » . Les appropriations foncières à grande échelle : inventaire et difficultés d'évaluation [R].Note de synthèse N°10, Paris: AFD / MAEE, 2012.

[34] COMITÉ TECHNIQUE « FONCIER ET DÉVELOPPEMENT » . Les enjeux de la nouvelle politique foncière rurale au Mali. Une perspective historique[R].Note de synthèse N° 3, Paris: AFD / MAEE, 2011.

[35] COMITÉ TECHNIQUE « FONCIER ET DÉVELOPPEMENT » . Les enjeux de la réforme foncière au Sénégal[R].Note de synthèse N°12, Paris: AFD/MAEE, 2013.

[36] COMITÉ TECHNIQUE « FONCIER ET DÉVELOPPEMENT » . Les outils de gestion de l'information foncière[R].Note de

synthèse N° 2, Paris: AFD / MAEE, 2011.

[37]　COTULA L., TOULMIN C. et HESSE C. Land tenure and administration in Africa: lessons of experience and emerging issues[R]. Londres: IIED, 2004.

[38]　COTULA L.Land grab or development opportunity? Agricultural investment and international land deals in Africa[R].Londres: IIED, 2009.

[39]　COULIBALY C.La décentralisation au Mali : le « transfert de compétences » en difficulté[R].Comité technique « Foncier et développement », Paris: MAE / AFD, 2010.

[40]　DEININGER K. Land Policies for Growth and Poverty Reduction[R]. World Bank Policy Research Report, Washington, DC: World Bank; New York: Oxford University Press, 2003.

[41]　DELVILLE Ph L. What is land tenure security and how can it be strengthened? [R].Briefing notes, "Land Tenure & Development" Technical Committee, Paris: MAE/AFD, 2017.

[42]　DELVILLE Ph. L.Different strategies and procedures to formalise rural land rights[R].Briefing notes, "Land Tenure & Development" Technical Committee, Paris: MAE/AFD, 2018.

[43]　DI ROBERTO H. Foncier rural et inégalité de genre à Madagascar : accès aux terres et sécurisation foncière pour les femmes[R]. Collection Recherche. Paris: Comité

technique « Foncier & développement » , AFD-MEAE, 2023.

[44] D'AQUINO P. SECK S M. & KOFFI M. Land Allocation Information Systems: Making Land Registration Accessible to Local Actors[R]. Briefing notes, "Land Tenure & Development" Technical Committee, Paris: MAE/AFD, 2014.

[45] D'AQUINO P. SECK S M. & OUMAR F. Land Use Plans (LUPs), Decentralised Rules for Territorial Land Use[R].Briefing notes, "Land Tenure & Development" Technical Committee, Paris: MAE/AFD, 2014.

[46] D'AQUINO P. SECK S M. CAMARA S. OUMAR F. & KOFFI M.A Support Procedure for Decentralised Land Management (DLM)[R].Briefing notes, "Land Tenure & Development" Technical Committee, Paris: MAE/AFD, 2014.

[47] D'AQUINO P. SECK S M. KOFFI M.Le système d'information sur les attributions foncières (Siaf), une gestion décentralisée des attributions foncières[R].Comité technique « Foncier et développement » , Paris: Maedi/AFD, 2014.

[48] D'QUINO FEDIOR O. NGOM K. SOW A. Towards operational mechanisms to secure agro-sylvopastoral commons in the Sahel Lessons learned from 20 years' experience on the left bank of the River Senegal valley[R].Briefing notes, "Land Tenure & Development" Technical Committee, Paris: MAE/AFD, 2020.

[49] FAURE A.L'appropriation privée de la terre en milieu rural :
      politiques foncières et pratiques locales au Burkina Faso[R].
      Londres, IIED, 1995.

[50] FAVROT M. Faibles résultats de l'agrobusiness et résilience
      des systèmes agraires locaux, étude comparée République
      du Congo-Gabon[R]. Collection Recherche. Paris: Comité
      technique « Foncier & développement » , AFD-MEAE, 2024.

[51] GONIN A. L'accès aux ressources pastorales dans les régions
      agricoles d'Afrique de l'Ouest[R]. Briefing notes, "Land
      Tenure & Development" Technical Committee, Paris: MAE/
      AFD, 2021.

[52] HOCHET P. Burkina Faso : vers la reconnaissance des
      droits fonciers locaux[R]. Comité technique « Foncier et
      développement » , Paris: MAE/AFD, 2014.

[53] IDELMAN E. Collectivités locales et territoires locaux en
      Afrique de l'Ouest rurale[R].Comité technique « Foncier et
      développement » , Paris: MAE/AFD, 2010.

[54] IDELMAN E. Local authorities and local territories in
      rural West Africa [R].Briefing notes, "Land Tenure &
      Development" Technical Committee, Paris: MAE/AFD,
      2010.

[55] JAMART C. Le Code rural au Niger et les enjeux du
      pastoralisme. Capitalisation sur l'expérience du Code rural au
      Niger[R]. AGTER, 2011.

[56] KANDINE A. Decentralized vs. local management of land tenure: The Niger case history[R].Briefing notes, "Land Tenure & Development" Technical Committee, Paris: MAE/AFD, 2010.

[57] KANDINE A. Gestion décentralisée ou locale du foncier? Le cas du Niger[R]. Comité technique « Foncier et développement » , Paris: MAE/AFD, 2011.

[58] KONÉ M. Femmes et foncier[R].Comité technique « Foncier et développement » , Paris: MAE / AFD, 2011.

[59] KOUAME G. TARROUTH H G.Le contrat de planter-partager en Côte d'Ivoire : quelle formalisation des droits et des transferts de droits[R]. Collection Recherche. Paris: Comité technique « Foncier & développement » , Paris: AFD-MEAE, 2024.

[60] KOUAMÉ G. La loi foncière rurale ivoirienne de 1998 à la croisée des chemins :vers un aménagement du cadre légal et des procédures ?[R].Regards sur le foncier no 4,Comité technique « Foncier & développement » , Paris: AFD/MAE, 2018.

[61] LAVIGNE DELVILLE P., MONGBO R. et MANSION A.Vers une gestion foncière communale : stratégies, outils et conditions de réussite[R].Paris: Comité technique « Foncier et développement » , Paris:AFD / MAE, 2008.

[62] LAVIGNE DELVILLE P., TOULMIN C., COLIN J.-P., et al.

L'accès à la terre par les procédures de délégation foncière (Afrique de l'Ouest rurale) : modalités, dynamiques et enjeux[R]. « Droits délégués d'accès à la terre et aux ressources », Paris / Londres: Gret / IRD / IIED, 2001.

[63] LAVIGNE DELVILLE P., TOULMIN C., COLIN J.-P., et al. L'accès à la terre par les procédures de délégation foncière (Afrique de l'Ouest rurale) : modalités, dynamiques et enjeux[R]. « Droits délégués d'accès à la terre et aux ressources », Paris / Londres: Gret / IRD / IIED, 2001.

[64] LE ROY E. La réforme du droit de la terre dans certains pays d'Afrique francophone[R]. Etude législative N°44, Rome: FAO, 1987.

[65] MAC-BURKINA FASO. Assistance technique aux services fonciers, Manuel de la gestion participative de l'utilisation des terres[R]. Ouagadougou, 2014.

[66] MATHIEU P. & LAVIGNE DELVILLE P. Sécuriser les transactions foncières dans l'Ouest du Burkina Faso[R]. Paris: IIED / Gret / IED / UERD, 2003.

[67] MERLET M. et YOBOUET K. A. Diversité des ayants droit et des droits sur la terre et sur les ressources naturelles en Afrique de l'Ouest : quelques exemples[R].Comité technique « Foncier et développement », Paris: MAE/AFD, 2011.

[68] MERLET M. SAFERs: Land Agencies that Have Been Used to Regulate the French Rural Land Market for Over 50

Years[R].Briefing notes, "Land Tenure & Development" Technical Committee, Paris: MAE/AFD, 2015.

[69] MERLET M.Les droits sur la terre et sur les ressources naturelles[R].Comité technique « Foncier et développement », Paris: MAE /AFD, 2010.

[70] MINISTERE DE L'AGRICULTURE ET DES AMENAGEMENTS HYDRO-AGROCOLES. Rapport d'étude sur les déterminants des conflits fonciers ruraux et leur impact socio-économique dans les régions du Burkina Faso : état des lieux, enjeux et défis[R]. Ouagadougou, 2017.

[71] MOALIC A-C. Les enjeux locaux de la formalisation des droits fonciers en Afrique rurale. Analyse de la diversité des appropriations et réinterprétations du dispositif PFR : cas des communes de Dassa et Savalou, département des Collines, Bénin[R]. Cergy-Pontoise: Istom, 2014.

[72] MOHAMED S S. OUSSOUBY T. OUEDRAOGO P-A. AMED P. AURORE B. dir. Observatoires fonciers : entre ancrages institutionnels et initiatives de veille citoyenne, quelles postures et quelles fonctions ?[R].Regards sur le foncier N° 16, Comité technique « Foncier & développement », Paris: AFD/ MAE, juin 2023.

[73] MOUSSA A., RAIMOND C., SANOU S. Mise en œuvre d'opérations foncières et démarche participative : pratiques comparées Nord-Cameroun et Ouest du Burkina Faso[R].

Comité technique « Foncier et développement », Paris: AFD / MAEE, 2010.

[74] OUAAMARI S E. Reinstating Economic Evaluations as a Means of Determining whether Agricultural Investment Projects Will Serve the Common Interest[R].Briefing notes, "Land Tenure & Development" Technical Committee, Paris: MAE/AFD, 2015.

[75] OUEDRAOGO H. et BASSERIE V. Les politiques foncières formelles et concertées:le chaînon manquant des systèmes fonciers ouest-africains?[R]. Comité technique « Foncier et développement », Paris: MAE / AFD, 2011.

[76] OUEDRAOGO H. Mythes, impasses de l'immatriculation foncière et nécessité d'approches alternatives[R].Comité technique « Foncier et développement », Paris: MAE/AFD, 2010.

[77] OUEDRAOGO H. Étude comparative de la mise en œuvre des plans fonciers ruraux en Afrique de l'Ouest: Bénin, Burkina Faso, Cote d'ivoire[R/OL].Etudes juridiques de la FAO, 2005. https://www.foncier-developpement.fr/wp-content/uploads/ouedraogo-PFR_FAO.pdf.

[78] PERDRIAULT M.Strengths and Weaknesses of International Normative Frameworks for Tenure Rights[R].Briefing notes, "Land Tenure & Development" Technical Committee, Paris: MAE/AFD, 2015.

[79] PLANÇON P., CIRÉ NDIAYE B. Une piste de solution pour la réforme foncière au Sénégal. La fiducie comme mode d'appropriation de la terre ?[R].Comité technique « Foncier et développement » , Paris: AFD/MAE, 2010.

[80] RANGE C. Young people's access to land seen through the lens of kinship relations. Focus on sub-Saharan Africa[R]. Briefing notes, "Land Tenure & Development" Technical Committee, Paris: MAE/AFD, 2020.

[81] ROCHEGUDE A. PLANCON C. Décentralisation, foncier Décentralisation, foncier et acteurs locaux teurs locaux teurs locaux[R]. Comité technique « Foncier et Développement » , Paris: AFD /MAE, 2009.

[82] SANOU S. Rural Development Project: Land Matters! [R]. "Land Tenure & Development" Technical Committee, Paris: MAE/AFD, 2015.

[83] SANOUS S. HOCHET P. Les chartes foncières locales au Burkina Faso : un outil pour la gestion négociée des terres et des ressources naturelles [R]. Les notes de politique de Negos-GRN N°15. Paris: Éditions du Gret, 2012.

[84] SECK M S. Changing forms of land governance in West Africa[R]. Briefing notes, "Land Tenure & Development" Technical Committee, Paris: MAE/AFD, 2016.

[85] SECK S M. LAVIGNE D P. RICHEBOURG C. VAUMOURIN S. MANSION A. Les trajectoires des politiques foncières

en Afrique de l'Ouest et à Madagascar : identifier les déterminants du changement pour définir des stratégies d'action[R].Paris : GRET/Comité Technique « Foncier et développement », 2018.

[86] SOROS S. LOPES D. SAMB S. Le pluralisme juridique en matière foncière en Afrique de l'Ouest : le cas de la Côte d'Ivoire , Rapport d'intégration 2 : Comment se manifestent et sont gérées les interactions entre les ordres juridiques étatique et autochtone ? Etat et cultures juridiques autochtones : un droit en quête de légitimité[R]. 2016.

[87] THIÉBA D. L'élaboration de la politique nationale de sécurisation foncière en milieu rural au Burkina[R]. Comité technique « Foncier et développement », Paris: AFD / MAE, 2010.

[88] TOURE O. Limitations of the concept of vulnerable groups in the area of land tenure security[R].Briefing notes, "Land Tenure & Development" Technical Committee, Paris: MAE/ AFD, 2010.

[89] TOURÉ O.Les limites du concept de groupe vulnérable en matière de sécurité foncière[R]. Comité technique « Foncier et développement », Paris: MAE/AFD, 2010.

[90] ZONGO M. Foncier et migration[R].Comité technique « Foncier et développement », Paris: MAE / AFD, 2010.

四、硕博论文

[1] AHOLOU J. La réforme du droit foncier rural dans les États membres de l'Union économique et monétaire ouest-africaine: Tendances et limites. Cas du Bénin, du Burkina-Faso, de la Côte d'Ivoire, du Niger et du Sénégal[D]. Cotonou: Université d'Abomey Calavi, 2018.

[2] BIRBA M. Droits fonciers et biodiversité au Burkina Faso: le cas de la province de la Sissili[D]. Droit. Université de Limoges, 2020.

[3] BROC K K. L'accès à la terre pour les femmes rurales en Afrique : le cas du Sénégal de l'époque des grands royaumes ànos jours[D]. Université Grenoble Alpes, 2021.

[4] BÉGIN R. De l'accaparement des terres à la marginalisation des populations : le cas de l'office du Niger au Mali [D]. Université du Québec à Montréal, 2014.

[5] DABONE P. Quelle législation foncière comme outil de cohésion sociale et de développement économique, adaptée aux réalités socio - culturelles du Burkina ? [D]. Ouagadougou: Mémoire de master de l'Ecole Nationale des Régies financières, 2008.

[6] DESHAIES T. L'accaparement des terres et ses impacts sur la sécurité alimentaire et foncière: évaluation des

mécanismes de prévention et de résolution de conflits fonciers dans la région des hauts-bassins au Burkina Faso[D]. Université du Québec/Montréal, 2019.

[7] FALL M C. Gestion foncière et décentralisation au Sénégal dans le contexte des acquisitions foncières à grande échelle: le cas de la commune de Ngnith dans le département de Dagana[D]. Géographie. Université Michel de Montaigne - Bordeaux III, 2017.

[8] KARAMBIRI S M. La gouvernance territoriale par les chartes foncières locales dans la région des Hauts Bassins / Burkina Faso[D].Université Montpellier Paul Valéry: Montpellier III, 2018.

[9] KAYEMBE N W. La propriété foncière en Afrique subsaharienne: essai juridique sur un totem d'Etat[D]. Paris: Université de Nanterre - Paris X, 2022.

[10] KENJIO J. Land Reform in Sub-Saharan Africa: Exploring Interested Parties Perspectives on Cameroon's Land Tenure and Land Law Reform[D]. New Hampshire: Antioch University, 2023.

[11] LAHAYE S H H. Quand le droit devient culture : le droit traditionnel au Bénin[D]. Montréal: Université du Québec, Maîtrise en droit international , 2013.

[12] LIBONGUI G E. Agriculture en zone urbaine et périurbaine de Libreville : dynamiques spatiales, acteurs et enjeux

environnementaux[D]. Géographie. Le Mans Université, 2022.

[13] NOUWADJRO C F F. La transition foncière au Bénin : entre résilience et adaptation du foncier traditionnel dans les espaces urbains, périurbains et ruraux. Cas des communes de PortoNovo, Avrankou et Bonou au Sud-Bénin[D]. Brest: Université de Bretagne occidentale - Brest, 2023.

[14] PAPAZIAN H. De la pluralité au pluralisme (sahélien), thèse de doctorat en sciences de l'environnement[D].Université Agro Paris Tech, 2015.

[15] RANDRANTO M. La pertinence du nouveau système de droit foncier de Madagascar : (la réforme foncière de 2005)[D]. Droit. Université Panthéon-Sorbonne - Paris I, 2014.

[16] REJRAJI I. La reconnaissance des droits fonciers coutumiers: Etude comparée en Afrique de l'Ouest[D]. Paris: Institut de Management et de Communication Interculturels, 2020.

[17] SANOU S. Land tenure structures in the agricultural district of Houndé: a study in rural social change and development[D]. MSU, USA, 1986.

[18] PLAMCPM C. La représentation dans la production et l'application du droit. Etudes de cas dans le droit de propriété foncière au Canada/Québec, en France et au Sénégal[D]. Université Panthéon-Sorbonne - Paris I, 2006.

五、法律条文类

（一）法国殖民立法

[1]   Arrêté du 15 avril 1933, portant règlement pour l'application du décret du 26 juillet 1932 (organisation administrative et matérielle de la Conservation foncière - procédure et comptabilité).

[2]   Décret du 08 août 1925 visant à faire constater les droits fonciers des indigènes en AOF.

[3]   Décret du 15 novembre 1935 portant règlementation des terres domaniales en AOF.

[4]   Décret du 15 novembre 1935, abrogeant le décret du 23 octobre 1904 sur le Domaine et portant réglementation des terres domaniales en AOF.

[5]   Décret du 24 juillet 1906 portant organisation du régime de la propriété foncière dans les colonies.

[6]   Décret du 26 juillet 1932 portant réorganisation du régime de la propriété foncière en Afrique occidentale française.

[7]   Décret modifié du 29 septembre 1928, portant réglementation du domaine public et des servitudes d'utilité publique.

[8]   Décret N°46-1496 du 18 juin 1946, fixant les modalités d'établissement des projets d'aménagement régionaux ou

urbains.

[9]　Décret N°46-299 du 23 février 1946, portant règlement du statut de la copropriété des immeubles divisés par appartement en AOF.

[10]　Loi N° 55-580 du 20 mai 1955 relatif à la réorganisation foncière et domaniale en AOF et en AEF.

[11]　Ordonnance N°45-1423 du 28 juin 1945, portant attribution du ministre des Colonies en matière d'urbanisme.

（二）塞内加尔

[1]　Code civil français (articles 544 à 702).

[2]　Décret N° 64-573 du 30 juillet 1964 fixant les conditions d'application de la loi N° 64-46.

[3]　Décret N° 64-574 du 30 juillet 1964, portant application de l'article 3 de la loi N° 64-46.

[4]　Décret N° 66-858 du 7 novembre 1966, portant application de l'article 5 de la loi N° 64-46 du 17 juin 1964, relative au domaine national et fixant les conditions de l'administration des terres du domaine national à vocation agricole situées dans les zones urbaines.

[5]　Décret N° 72-1288 du 27 octobre 1972, relatif aux conditions d'affectation et de désaffectation des terres du domaine national comprises dans les communautés rurales.

[6]　Décret N° 72-636 du 29 mai 1972, relatif aux attributions des

chefs de circonscription administrative et chefs de village.

[7] Décret N° 77-563 du 3 juillet 1977, portant application de la loi N° 76-67.

[8] Décret N° 81-557 du 21 mai 1981, portant application du Code du domaine de l'État en ce qui concerne le domaine privé.

[9] Décret N° 96-1130 du 27 décembre 1996, portant application de la loi de transfert de compétences aux régions, aux communes et aux communautés rurales, en matière de gestion et d'utilisation du domaine privé de l'État, du domaine public et du domaine national.

[10] Décret N° 96-1132 du 27 décembre 1996, portant application de la loi de transfert de compétences aux régions, aux communes et aux communautés rurales en matière d'aménagement du territoire.

[11] Décret N° 96-1133 du 27 décembre 1996, portant application de la loi de transfert de compétence aux régions, aux communes et aux communautés rurales en matière de planification.

[12] Loi N° 2013-10 du 28 décembre 2013 portant Code général des Collectivités locales. Site officielle du gouvernement du Sénégal.

[13] Loi N° 60-15 du 13 janvier 1960 portant réforme de l'organisation administrative de la République du Sénégal.

[14] Loi N° 64-46 du 17 juillet 1964, relative au domaine national.

[15] Loi N° 64-46 du 17 juin 1964, relative au domaine national.

[16] Loi N° 76-66 du 2 juillet 1976, portant Code du domaine de l'État.

[17] Loi N° 76-67 du 2 juillet 1976, relative à l'expropriation pour cause d'utilité publique et aux autres opérations foncières d'utilité publique.

[18] Loi N° 85-15 du 25 février 1985, abrogeant et remplaçant l'article 5a du Code du domaine de l'État.

[19] Loi N° 90-35 du 8 octobre 1990 portant suppression du statut spécial et le poste d'administrateur de commune.

[20] Loi N° 96-07 du 22 mars 1996 portant transfert de compétences aux Régions, Communes et Communautés rurales.

[21] Loi N°72-25 du 19 avril 1972 portant création des communautés rurales.

[22] Loi N°96-06 du 22 mars 1996 portant code des collectivités locales.

[23] Projet de loi portant organisation de la propriété foncière.

（三）布基纳法索

[1] Constitution du 2 juin 1991 au Burkina Faso.

[2] Décret N° 2010-400 du 29 juillet 2010 portant modalités d'élaboration et de validation des chartes foncières locales.

[3]　Décret N° 2010-402/PRES/PM/MAHRH/MRA/MECV/MEF/ MATD portant procédure de constatation de possession foncière rurale des particuliers.

[4]　Décret N° 2012-263/PRES/PM/MATDS/MJ/MAH/MEDD/MEF du 3 avril 2012 portant attributions, composition, organisation et fonctionnement de la Commission de conciliation foncière villageoise.

[5]　Décret N° 85-404/CNR/PRES du 4 août 1985 portant application de la RAF au Burkina Faso.

[6]　Décret N°2010-404/PRES/PM/MAHRH/MRA/MECV/MEF/ MATD du 29 juillet 2010 portant attributions, composition, organisation et fonctionnement des structures locales de gestion foncière.

[7]　Kiti N° AN-VIII-0328/ter/FP/PLAN-COOP du 4 juin 1991 portant conditions et modalités d'application de la réorganisation agraire et foncière.

[8]　Loi N° 003/93/ADP du 7 mai 1993 portant organisation du territoire du Burkina Faso.

[9]　Loi N° 007/93/ADP du 12 mai 1993 portant régime électoral des conseillers de village, de secteur communal, de département et de province.

[10]　Loi N° 015-2019/AN du 02 mai 2019 portant organisation judiciaire au Burkina Faso.

[11]　Loi N° 021-2006/AN du 14 novembre 2006 portant modification

de la loi N° 0552004/AN du 21 décembre 2004 portant code général des collectivités territoriales au Burkina Faso.

[12] Loi N° 027-2006/AN du 5 décembre 2006 portant régime juridique applicable aux agents et emplois des collectivités territoriales.

[13] Loi N° 034-2002/AN du 14 novembre 2002 portant loi d'orientation relative au pastoralisme.

[14] Loi N° 034-2009/AN du 16 juin 2009 portant régime foncier rural.

[15] Loi N° 034-2012/AN du 2 juillet 2012 portant réorganisation agraire et foncière.

[16] Loi N° 040/98/AN du 3 août 1998 portant orientation de la décentralisation au Burkina Faso, modifiée par la loi N° 048-2003/AN du 6 août 2003.

[17] Loi N° 041/98/AN du 6 août 1998 portant organisation de l'administration du territoire au Burkina Faso, modifiée par la loi N° 049-2003/AN du 6 août 2003.

[18] Loi N° 042/98/AN du 6 août 1998 portant organisation et fonctionnement des collectivités locales, modifiée par la loi N° 050-2003/AN du 6 août 2003.

[19] Loi N° 043/98/AN du 6 août 1998 portant programmation de la mise en œuvre de la décentralisation, modifiée par la loi N° 051-2003/AN du 6 août 2003.

[20] Loi N° 049-2003/AN du 6 août 2003 portant organisation de l'administration du territoire au Burkina Faso.

[21] Loi N° 22-99 AN du 18 mai 1999 portant code civile au Burkina Faso.

[22] Ordonnance N° 83-020 du 1er novembre 1983 portant réorganisation de l'administration territoriale de la République de Haute-Volta.

[23] Ordonnance N° 84-050/CNR/PRES du 4 août 1984 portant réorganisation agraire et foncière au Burkina Faso.

[24] Zatu N° AN-VIII-039 bis/FP/PRES portant réorganisation agraire et foncière.

[25] Zatu N°An V-0007 du 16 octobre 1987 portant création des comités révolutionnaires.

（四）马达加斯加

[1] Décret N° 2004-299 du 3 mars 2004, fixant l'organisation, le fonctionnement et les attributions du fokontany.

[2] Décret N° 2004-859 du 17 septembre 2004, fixant les règles relatives à l'organisation, au fonctionnement et aux attributions des régions, en application des dispositions transitoires de la loi N° 2004-001 du 17 juin 2004 relative aux régions.

[3] Décret N° 2007-1109 du 18 décembre 2007, fixant les modalités d'application de la loi N° 2006-31 sur la propriété privée non titrée.

[4] Décret N° 2007-151 du 19 février 2007, modifiant certaines

dispositions du décret N° 2004-299 du 3 mars 2004, fixant l'organisation, le fonctionnement et les attributions du fokontany.

[5]   Décret N° 60-529 du 28 décembre 1960, réglementant les modalités d'application de l'ordonnance N° 60-146 du 3 octobre 1960.

[6]   Décret N° 63-526 du 9 mai 1963, fixant la composition des commissions prévues par les articles 20 et 27 de la loi N° 60-004.

[7]   Décret N° 64-291 du 22 juillet 1964, fixant les règles relatives à la délimitation, l'utilisation, la conservation et la police du domaine public.

[8]   Décret N° 96-169 du 6 mars 1996, portant application des dispositions de la loi N° 94-007 du 26 avril 1995, relative aux pouvoirs, compétences et ressources des collectivités territoriales décentralisées.

[9]   Décret N° 96-834 du 11 septembre 1996, complétant certaines dispositions du décret N° 96251 du 27 mars 1996, fixant l'organisation et les attributions des fokontany et des arrondissements administratifs.

[10]   Loi du 9 mars 1896, sur la propriété foncière indigène.

[11]   Loi N° 2004-001 du 17 juin 2004, relative aux régions.

[12]   Loi N° 2005-19, fixant les principes généraux de gestion des terres.

[13] Loi N° 2006-31 du 20 décembre 2006, fixant le régime juridique de la propriété privée non titrée.

[14] Loi N° 2008-13 du 23 juillet 2008, portant régime du domaine public.

[15] Loi N° 2008-14 du 23 août 2008, portant régime juridique du domaine privé.

[16] Loi N° 2021-016 du 28 October 2021 portant refonte de la Loi N°2006-031 fixant le régime juridique de la propriété foncière privée non titrée.

[17] Loi N° 67-029 du 18 décembre 1967, modifiant certaines dispositions de la loi domaniale N° 60-004.

[18] Loi N° 90-028 du 19 décembre 1990, modifiant l'ordonnance N° 60-146.

[19] Loi N° 93-005 promulguée le 26 juin 1994, portant orientation générale de la politique de décentralisation.

[20] Loi N° 94-007 du 26 avril 1995, relative aux pouvoirs, compétences et ressources des collectivités territoriales décentralisées.

[21] Loi N° 94-008 du 26 avril 1995, fixant les règles relatives à l'organisation, au fonctionnement et aux attributions des collectivités territoriales décentralisées.

[22] Ordonnance N° 60-146 du 3 octobre 1960, relative au régime foncier de l'immatriculation.

[23] Ordonnance N° 62-110 du 1er octobre 1962, relative aux

sanctions pour les abus du droit de propriété et au transfert à l'État des propriétés non exploitées.

[24] Ordonnance N° 74-021 du 20 juin 1974, abrogeant et remplaçant l'ordonnance N° 62-110 du 1er octobre 1962, sanctionnant l'abus de droit de propriété et prononçant le transfert à l'État des propriétés non exploitées.

[25] Ordonnance N° 74-034 du 10 décembre 1974, modifiant certaines dispositions de l'ordonnance N° 60-146 du 3 octobre 1960, relative au régime de l'immatriculation.

[26] Ordonnance N° 83-030 du 27 décembre 1983, tendant à renforcer la protection, la sauvegarde et la conservation du domaine privé national et du domaine public.

[27] Ordonnance N° 83-030 du 27 décembre 1983, tendant à renforcer la protection, la sauvegarde et la conservation du domaine privé national et du domaine public.

（五）加蓬

[1] Décret N° 1111/PR/MINDECF.DGDE du 21 janvier 1978, portant modification du décret N° 77/PR du 6 février 1967, réglementant l'octroi des concessions et locations domaniales.

[2] Décret N° 1187/MEF.DE du 15 décembre 1972, complétant le décret N° 77/PR du 6 février 1967, réglementant l'octroi des concessions et locations des terres domaniales.

[3]   Décret N° 1308/PR/MINDECF/DGDE du 25 octobre 1974, complétant les dispositions de l'article 22 du décret N° 77/PR du 6 février 1967, réglementant l'octroi des concessions et locations domaniales.

[4]   Décret N° 1934/PR/MI du 28 décembre 1977, portant organisation et fonctionnement des unités administratives territoriales.

[5]   Décret N° 77/PR/MEF.DE du 6 février 1967, réglementant l'octroi des concessions et locations des terres domaniales.

[6]   Décret N° 782/PR/MEB.DE du 24 août 1971, complétant et modifiant le décret N° 77/PR du 6 février 1967, réglementant l'octroi des concessions et locations de terres domaniales.

[7]   Décret N° 91/PR/MI du 16 janvier 1976, fixant les attributions et pouvoirs des gouverneurs, préfets, sous-préfets, chefs des communautés rurales et chefs de village.

[8]   Décret N° 972/PR/MDCULOG du 15 juillet 1982, complétant le décret N° 77/PR du 6 février 1967, réglementant l'octroi des concessions et locations des terres domaniales.

[9]   Décret N° 996/PR/MINDECFHUC du 24 octobre 1979, portant modification du décret N° 1187/PR/MEF.DE du 15 décembre 1972, complétant le décret N° 77/PR/MEF.DE du 6 février 1967, réglementant l'octroi des concessions et locations des terres domaniales.

[10]   Loi N° 016/01 du 3 décembre 2001, portant Code forestier en

République gabonaise.

[11] Loi N° 12/75 du 18 décembre 1975, abrogeant et remplaçant la loi N° 4/75 du 13 juin 1975, portant réorganisation de la République gabonaise.

[12] Loi N° 14/63 du 8 mai 1963, fixant la composition du Domaine de l'État et les règles qui en déterminent les modes de gestion et d'aliénation.

[13] Loi N° 15-96 du 6 juin 1996.

[14] Ordonnance N° 006/PR2002 du 22 août 2002, portant modification de certaines dispositions de la loi portant Code forestier en République gabonaise.

（六）尼日尔

[1] Code civil.

[2] Constitution du 18 juillet 1999.

[3] Constitution du 25 novembre 2010.

[4] Constitution du 4 août 2009.

[5] Décret du 31 juillet 1968 sur le domaine public de l'État.

[6] Décret N°098/MDA/CNCR/SP du 25 novembre 2005 portant organisation, attributions et modalités de fonctionnement des commissions foncières de communes, de villages ou tribus.

[7] Décret N°2021-747/PRN/MAG du 9 septembre 2021 portant adoption du document de la politique foncière rurale du

Niger.

[8]   Décret N°97-006/PRN/MAG/E du 10 janvier 1997 portant réglementation de la mise en valeur des ressources naturelles rurales.

[9]   Décret N°97-007 sur les terroirs d'attache des pasteurs.

[10]   Décret N°97-008/PRN/MAG/EL du 10 janvier 1997 portant organisation, attributions et fonctionnement des institutions chargées de l'application des principes d'orientation du Code rural.

[11]   Décret N°97-367/PRN/MAG/EL du 2 octobre 1997 déterminant les modalités d'inscription des droits fonciers au dossier rural.

[12]   Loi N°2015-01 du 13 janvier 2015 portant statut de la chefferie traditionnelle.

[13]   Loi N°2002-14 du 11 juin 2002 portant création des communes et fixant le nom de leurs chefs lieux.

[14]   Loi N°2008-37 du 10 juillet 2008 modifiant et complétant la Loi N°61-37 du 24 novembre 1961 réglementant l'expropriation pour cause d'utilité publique et l'occupation temporaire.

[15]   Loi N°2008-42 du 31 juillet 2008 relative à l'organisation et l'administration du territoire.

[16]   Loi N°61-05 du 26 mai 1961 fixant une limite Nord des cultures.

[17]   Loi N°61-30 du 19 juillet 1961 fixant la procédure de confirmation

d'expropriation des droits fonciers coutumiers.

[18] Loi N°61-37 du 24 novembre 1961 réglementant l'expropriation pour cause d'utilité publique et l'occupation temporaire.

[19] Loi N°62-07 du 12 mars 1962 supprimant les privilèges acquis sur les terrains de chefferie.

[20] Loi N°64-16 du 16 juillet 1964 incorporant au domaine privé de l'Etat les terrains et immeubles immatriculés non mis en valeur ou abandonnés.

[21] Loi N°98-31 du 14 septembre 1998 portant création des régions et fixant leurs limites et le nom de leurs chefs-lieux.

[22] Ordonnance N°59-113 du 11 juillet 1959 portant réglementation des terres du domaine privé de la République du Niger.

[23] Ordonnance N°2010-29 du 20 mai 2010 relative au pastoralisme.

[24] Ordonnance N°2010-54 du 17 septembre 2010 portant Code général des collectivités territoriales.

[25] Ordonnance 92/30 du 8 Juillet 1992 portant adoption des principes directeurs d'une politique de développement rural pour le Niger.

[26] Ordonnance N°93-15 fixant principes d'orientation du Code rural.

（七）马里

[1] Code domanial ordonnance N° 00-027/P-RM du 22 mars 2000.

[2] Décret N° 02-315/P-RM du 4 juin 2002 fixant les détails des compétences transférées de l'État aux collectivités territoriales en matière d'hydraulique rurale et urbaine.

[3] Décret N° 09-011/P-RM du 19 janvier 2009 fixant les attributions, la composition et les modalités de fonctionnement des commissions foncières locales et communales.

[4] Décret N° 768/P-RM du 29 décembre 2008 fixant les modalités d'enregistrement etd'immatriculation des exploitations agricoles familiales et des entreprises agricoles.

[5] Décret N° 96-188/P-RM portant organisation de la gérance des terres affectées à l'Office du Niger.

[6] La Constitution de la III e République du Mali du 25 février 1992.

[7] Loi 06-045 du 5 septembre 2006 portant loi d'orientation agricole ; Guide pratique des principales mesures de la loi d'orientation agricole.

[8] Loi N° 86-91/AN-RM du 12 juillet 1986 portant sur le code domanial et foncier.

[9] Loi N° 95-034/AN-RM du 12 avril 1995 portant code des collectivités territoriales, modifiée par la loi N° 98-010 du 10 juin 1998 et modifiée par celle N° 98-066 du 30 décembre 1998.

[10] Loi N° 96-050 du 16 octobre 1996 portant principes de constitution et de gestion du domaine des collectivités

territoriales qui a modifié la loi N° 93-008 AN-RM.

[11] Loi N° 96-050 du 16 octobre 1996 portant principes de constitution et de gestion du domaine des collectivités territoriales qui a modifié la loi N° 93-008 AN-RM.

（八）科特迪瓦

[1] Arrêté N° 139/Minagra du 6 septembre 2000, définissant les formulaires de requête d'immatriculation d'un bien foncier rural objet d'un certificat foncier.

[2] Arrêté N° 1652 du 27 novembre 1959, fixant la réglementation des opérations foncières en Côte d'Ivoire.

[3] Arrêté N° 45-PM du 20 juillet 2001, portant réorganisation de la commission foncière rurale.

[4] Décret N° 64-164 du 16 avril 1964, portant interdiction des actes sous seing privé en matière immobilière.

[5] Décret N° 71-74 du 16 février 1971, relatif aux procédures domaniales et foncières.

[6] Décret N° 78-321 du 15 mars 1978, portant application de la loi du 20 décembre 1965.

[7] Décret N° 99-593 du 13 octobre 1999, portant organisation et attributions des comités de gestion foncière rurale.

[8] Décret N° 99-594 du 13 octobre 1999, fixant les modalités d'application au domaine foncier rural coutumier de la loi N° 98-750 du 23 décembre 1998.

[9]   Décret N° 99-595 du 13 octobre 1999, fixant la procédure de consolidation des droits de concessionnaires provisoires des terres du domaine foncier rural.

[10] Loi du 2 juillet 2003, portant transfert et répartition des compétences de l'État aux collectivités territoriales.

[11] Loi N° 2001-476 du 9 août 2001, d'orientation sur l'organisation générale de l'administration du territoire.

[12] Loi N° 2001-477 du 9 août 2001, relative à l'organisation du département.

[13] Loi N° 2003-489 du 26 décembre 2003, portant régime financier, fiscal et domanial des collectivités territoriales.

[14] Loi N° 71-338 du 12 juillet 1971, relative à l'exploitation rationnelle des terrains ruraux détenus en pleine propriété.

[15] Loi N° 95-892 du 27 octobre 1995, d'orientation sur l'organisation générale de l'administration territoriale.

[16] Loi N° 95-893 du 27 octobre 1995, relative aux communautés rurales.

[17] Loi N° 98-750 du 23 décembre 1998, relative au domaine foncier rural.

[18] Loi N° 2013-653 du 13 septembre 2013 portant dispositions particulieres en matière d'acquisition de la nationalité par déclaration.

[19] Loi N° 2013-654 du 13 septembre 2013 portant modification des articles 12, 13, 14 et 16 de la loi N° 61-415 du 14 decembre

1961 portamt Code de la Nationalité, telle que modifiée par

les lois N° 72 852 du 21 decembre 1972 et N° 2004-662 du 17

decembre 2004 et les decisions N° 2005 03/PR au 15 juillet

2005 et N° 2005 09/PR du 29 aout 2005.

后　记

　　《当代法语非洲国家土地制度改革研究》的撰写，得到了华东师范大学政治与国际关系学院很多同学、朋友和老师的支持，在大家的关怀下，本书得以顺利完成。因为涉及的国家较多，国情各异且复杂，没有大家的支持实在难以完成。我们已至而立之年，感谢我们的家人的坚定支持，没有他们的支持，我们是绝对无法完成这部著作的。很显然，这部著作仅仅是一个初步探索，远未成长至枝叶繁茂，待学界前辈、同人和朋友们助其茁壮成长。

　　《当代法语非洲国家土地制度改革研究》是我和徐菁博士共同完成的著作，具体而言：

　　　　史永康：第一章、第二章、第三章、第四章、结论

　　　　徐菁：第五章、第六章、第七章、第八章

　　　　全书最后由史永康修改定稿。

　　特别感谢王美元女士为我们提供了大量帮助，省去了我们很

271

多与出版社沟通的日常事务，并不断督促我们尽快完稿。

　　由于涉及多学科、多个国家，且我们的学识水平有限，一些内容不够全面也不够深刻，真诚欢迎各界朋友批评、指正，以期今后修订。

史永康

2024 年 7 月 31 日于广州